初歩からの情報科学

初歩からの情報科学（'25）

©2025　辰己丈夫・髙岡詠子

装丁デザイン：牧野剛士
本文デザイン：畑中　猛

s-74

まえがき

　私たちは情報を活用して生活している．

　ふと周りを見渡すと，コンピュータやネットワークを利用した情報機器が多い．一方で，情報機器を活用するのは人間である．人間はどのように情報機器に接するのか，何を目的として情報機器を利用するのか．また，私たちは，情報機器でどんな価値を作り出していくのだろうか．

情報学，科学，技術，情報科学

　学問としての情報学には，情報機器であるコンピュータ，ネットワークのみならず，それを動作させるソフトウェアや，複数のコンピュータを利用した情報システム，データを蓄積するデータベース，そして，コンピュータと人の間の意思疎通，さらに，倫理的な問題など，様々な領域が含まれている．

　ところで，科学とは，様々な事象を観察して共通する性質を探し出し，それを記述することで，一連の事象の仕組みを理解する学問である．これに対して工学とは，理解した内容を利用して，何かを生み出す作業を考える．すなわち，科学とは具体から抽象を求める営みであるのに対して，工学とは抽象から具体を実現する営みである．そして，工学において利用されるのが技術である．

　この定義を前提に考えると，情報科学とは，「情報に関する一連の事象の仕組みを抽象化して理解する学問である」といえる．だが，情報学では（物質ではなく）概念，文字，図などを主に取り扱う．仕組みを理解する際にも，概念を生み出す技術（工学的な作業）を伴うことが多い．そのため，情報科学を学ぶにあたっては，情報工学・情報技術について

も触れる必要がある．このことが，情報科学が純粋な科学と異なる点である．

本書の狙い

　コンピュータもソフトウェアも，非常に単純な原理を論理的に組み合わせていくことで成立しているが，その組み合わせの多様さを理解するには，何が原理で，何が応用かを知る必要がある．ところが，コンピュータの「しくみ」，ソフトウェアの「しくみ」，ネットワークの「しくみ」などを，簡単でさえも他者に説明できる人は，実は多くない．

　筆者らは，読者が自ら興味・関心をもち，さらに高度で広範囲な情報学を学ぶ準備が整うようになることを目的とし，情報科学の中でも，特に原理を中心にして詳しく取り上げた．今後，情報技術が進化して，新しいコンピュータや新しいソフトウェアが登場するであろう．現在の「しくみ」を理解することは，新しい「しくみ」を理解するヒントとなり，新しい世界を誤らずに理解する不可欠の教養をつくる上で有用であろう．

　放送教材では，時間の制約上，詳しく取り上げることができなかった内容もあるが，それらは，印刷教材（本書）で詳しく述べられている．また，章によっては，章末に参考文献のリストが挙げられている．初心者・初学者にとっては，放送授業を見て理解したつもりになってしまった項目もあるかもしれないが，印刷教材（本書）や参考文献を読み，その内容を正しく理解することに努めることで，新しい考え方，新しい学び方を身につけることができるようになる．

　この講義を学んだ人が，将来，この講義で身につけた知識や思考力を利用して，未来の情報社会で活躍されることを望む．

2024 年 12 月
著者のひとりとして
辰己 丈夫

目次

まえがき　　　辰己丈夫　　iii

1 人間の活動と数の表し方　　｜辰己丈夫　　1

1.1　本章での記法（準備）　1

1.2　数とは何か　2

1.3　数の名前の定義　4

1.4　位取り記数法　7

1.5　数字と記数法　9

1.6　命数法と，桁区切りと小数点　14

2 二進法・ビット・整数の計算　　｜辰己丈夫　　17

2.1　数の表記法に関する思考実験　17

2.2　二進法とビット　18

2.3　基数の変換計算　21

2.4　誤り検知と誤り訂正　27

2.5　累乗・指数・対数・階乗　29

2.6　整数の計算　33

3 計算のしかけ　　｜高岡詠子　　37

3.1　四則演算　37

3.2　暗算を簡単に行う　38

3.3　計算する器具の前身　44

3.4　コンピュータにとっての計算とは　46

4 | 絵と音を計算する　　　｜ 高岡詠子　　53

4.1 音声情報の表し方　53

4.2 コンピュータ上の画像情報　57

4.3 アナログ・ディジタル変換　63

5 | 確率と情報量　　　｜ 高岡詠子　　68

5.1 集合と類別　68

5.2 集合概念を利用した証明　70

5.3 確率の考え方　75

5.4 期待値の計算　81

5.5 情報を定義する　81

5.6 情報の価値　84

5.7 情報源符号化定理　85

6 | おはなしコンピュータ　　　｜ 遠山紗矢香　　94

6.1 コンピュータができること　94

6.2 コンピュータの内部　101

6.3 コンピュータに指示を出す方法　106

7 | 基本的なプログラミング　　　｜ 西田知博　　114

7.1 プログラミング言語 Python　114

7.2 プログラムの制御構造　115

7.3 入れ子構造のプログラム　124

目次 | **vii**

8 | 応用プログラミング 西田知博 132

8.1 配列とリスト 132
8.2 関数の定義 139
8.3 データ処理と外部機能の利用 141

9 | いろいろなアルゴリズム 西田知博 148

9.1 アルゴリズムとは 148
9.2 計算量 151
9.3 探索アルゴリズム 155
9.4 データの整列 161

10 | ネットワーク・インターネット 辰己丈夫 176

10.1 ネットワーク 176
10.2 レイヤの考え方 180
10.3 インターネット 184
10.4 DNS 188

11 | データベース 兼宗進 194

11.1 データベースの利用 194
11.2 関係データベース 194
11.3 sAccess によるデータベース入門 196
11.4 SQL 199
11.5 スキーマ設計と正規化 203
11.6 排他制御とトランザクション 205
11.7 データベース管理システム 207
11.8 まとめ 208

12 | 見えない情報技術　　　辰己丈夫　209

12.1　コンピュータの基本機能　209
12.2　小型の汎用コンピュータ micro:bit　212
12.3　ディジタルシンセサイザー　213
12.4　自動車の燃料噴射制御装置　218

13 | プログラミングを利用したシミュレーション
辰己丈夫　222

13.1　抽象化・モデル化　222
13.2　問題を選定する　224
13.3　モデル化とシミュレーションによる問題解決　225
13.4　確率を使ったシミュレーション　235
13.5　モデルと人工知能　237

14 | ひとにやさしい情報システム　兼宗進　242

14.1　身近な情報システム　242
14.2　情報システムの構成例　243
14.3　情報システムの開発の流れ　244
14.4　要求分析　245
14.5　外部設計　248
14.6　内部設計　250
14.7　実装とテスト　251
14.8　情報システムの運用・保守とセキュリティ　252
14.9　まとめ　254

15 | HCI と UX 　　　　　| 遠山紗矢香　255

15.1　ヒューマン・コンピュータ・インタラクションとは　255

15.2　インタフェースデザインの観点　264

付録 | 演習課題の解答 　　　　275

索　引　299

1 人間の活動と数の表し方

辰己 丈夫

《**目標＆ポイント**》 人間の活動の中に現れる数の概念について，無意識的に計算が行われていた時代から，計算法が意識されるようになった時代，そして，現在のコンピュータ時代までを俯瞰する．人間の計算活動は，最も単純な正の小さな整数を扱うことから始まった．本章では，正の整数から始め，「数」の考え方と，その表記方法である数字の構成原理，二進法，コンピュータでの数表現を学ぶ．

《**キーワード**》 計算，式，数

1.1 本章での記法（準備）

本章では，数の記述方法について述べるが，厳密に述べるよりも，私たちが普段利用している数に関する知識・経験的判断のうち，利用可能な規則は，暗黙のルールとして利用する．

1.1.1 アラビア数字

私たちが，普段日常的に用いている数字である．**算用数字**と呼ぶこともある．

$$0, 1, 2, 3, 4, 5, 6, 7, 8, 9$$

また，本章で，これらの数字単独で，あるいは，数字をいくつか並べて数を表す時は，私たちが日常的に利用している位取り記数法（後述）で数が表されているとする．

1.1.2 漢数字

漢数字は，私たちに身近な数字の1つである．

　　　零，一，二，三，四，五，六，七，八，九，十，百，千，…

これらの数を利用して数を表現できる．これも，私たちが日本語で日常的に用いている意味と同じとする．

1.1.3 本書における使い分け

本書では，この後に「十進法」という言葉などについて説明するが，その前に，「10進法」の「10」は，何進法で書かれているのか，という疑問が生じないように配慮することが必要な時に，以下の●の個数を漢数字の「十」で表す[★1]．

また，漢数字で数を表す時は，私たちが自然に思う数のこととする．例として，十六とは，（十進法の）16のことである．

1.2 数とは何か

1.2.1 私たちの生活と数の概念

現在，私たちの生活は，様々な機械に組み込まれたコンピュータによって取り囲まれている．そして，コンピュータが利用しているのは，数(すう)である．すなわち，現代の私たちは，数に囲まれて生活していると言っても言いすぎではない．

では，数とは一体，何であろうか．それに正確に答えることは難しい．だが，多くの人が数であるとみなしている対象が，どのようなものであり，どのような歴史を経てきたのかを学ぶことができれば，数とは一体

★1 ── この後，ここで利用した数字を再度定義して利用することになるが，記述の厳密性よりも，わかりやすいように，冒頭に準備として定義した．

第 1 章　人間の活動と数の表し方　｜　**3**

どんな概念なのかがわかるようになるであろう.

1.2.2　「同じ」の概念

　数について考え，数を議論する上で重要なのが，「同じ」「等しい」という概念である. 例えば，以下の思考実験をしてみよう.
- 今，私たちの前に 2 つのコップがある.
- 1 つは赤いコップで，もう 1 つは白いコップであった.
- 形状は同じで，どちらも 200 mL の水を入れることができる.

　通常, 特に変わった仮定をしなければ,「同じコップ」というのは,「色と大きさが同じ」と考えるであろう.

　この 2 つのコップの違いは色だけである. 次の場合には, これらのコップは違うものとみなされる.
- 赤いコップが似合う服の人にとっては，自分の服に似合うかどうかが違う.
- 置き場所が，数センチから（例えば）数メートル違う.
- そもそも違う分子で作られている.

　一方で，この 2 つのコップは，次の場合には等しいとみなすことができる.
- コップ n 杯分の水を計量する.
- コップを何かの台座にする.
- コップの影で影絵を作る.

　このように，異なる 2 つのコップが，視点を変えると同じになることがある.

1.2.3　同じものを数える

　さて，2 つの（同じ）コップが入った箱に，1 つの（同じ）コップを

入れたら，コップは全部でいくつになるだろうか．その答えは「2 + 1 = 3」である．では，2つの（同じ）皿が入った箱に，1つの（同じ）皿を入れたら，皿は全部でいくつになるだろうか．その答えもまた，「2 + 1 = 3」である．

コップと皿は異なるものであるが，このように「合わせる」ことで，その**個数**を表す数は，同じように変化をすることがわかる．

すなわち，個数を表す数というのは，対象がコップでも皿でも有効である．実は，私たちは，スプーン，角砂糖，コンピュータ，人間，惑星といった，ありとあらゆるものを個数で数える時，このように「2 + 1 = 3」と計算している．

これが，現代の数学では「自然数」と私たちが呼んでいる，数の概念の始まりであるといえる．すなわち，自然数とは，様々なものに対して個数という概念を確立することができる「測り方」から始まっている．

1.3 数の名前の定義

1.3.1 自然数の定義

まず，**自然数**を定義しておく．非常にわかりやすく書くと，自然数とは，すでに述べた「ものの個数」として採用されている，その「個数」のことである．

ところで，自然数に0を含めるか含めないかについては，様々な立場がある．ここでは，0を自然数に含めることにする．すなわち，自然数の集合を $\mathbb{N}$ とすると，次のとおりに書くことができる．

$$\mathbb{N} = \{\, 0, 1, 2, 3, \cdots \,\}$$

他にも，帰納的な定義[2] で自然数を定義することである．

1.3.2 整数

自然数が定まったら，**負の数**を定める．

$$-x とは，-x + x = 0 となる数.$$

このような数は，自然数の範囲には存在しない．そこで，自然数か，この性質を満たす「負の数」のいずれかを意味する数として，**整数**という言葉を用いる．整数全体の集合を $\mathbb{Z}$ とすると，それは以下のような数である．

$$\mathbb{Z} = \{\, 0, 1, \, -1, 2, \, -2, 3, \, -3, \cdots \}$$

1.3.3 有理数

有理数は，「分母が 0 以外の自然数，分子が整数」の分数で表現できる数である．英語で rational number であり，これは「比（ratio）をもつ数」という意味であるが，rational のもう 1 つの訳は「理」（的）であり，その結果，有理数と呼ばれている．有理数の集合は $\mathbb{Q}$ と書かれる．

★2 —— ここでは，自然数を定義するペアノの公理を紹介する．
- 0 は自然数である．
- x が自然数なら，x' もまた自然数である．
- x' が 0 となる x は存在しない．
- $a \neq b$ ならば $a' \neq b'$ である．
- 自然数は，以上のルールで決まるもののみである．

なお，x' は，x の後者関数（次の数）と呼ばれる数であり，私たちが普段使う十進法では，$0'$ を 1 と書き，$1'$ を 2 と書き，$9'$ を 10 と書くが，二進法では，$1'$ は 10 である．

帰納的な定義とは，数学の世界における，一定のルールに従った定め方の 1 つである．数学基礎論という領域では，帰納的な関数や，原始帰納的な関数という概念があり，計算の複雑さの階層を定める際に用いられている．本書では詳しく述べない．廣瀬健『帰納的関数』（1989 年，共立出版）や，隈部正博『数学基礎論（'08）』『計算論（'16）』（いずれも，放送大学教育振興会）などを参照のこと．

6

$$\mathbb{Q} = \left\{ 0, \frac{1}{1}, -\frac{1}{1}, \frac{1}{2}, -\frac{1}{2}, \frac{2}{1}, -\frac{2}{1}, \frac{1}{3}, -\frac{1}{3}, \frac{3}{1}, -\frac{3}{1}, \right.$$
$$\left. \frac{1}{4}, -\frac{1}{4}, \frac{2}{3}, -\frac{2}{3}, \frac{3}{2}, -\frac{3}{2}, \frac{4}{1}, -\frac{4}{1}, \cdots \right\}$$

分母が1の有理数を考えられることから，整数は有理数に含まれることがわかる．

1.3.4 実数と無理数

実数の定義は，簡単ではない．比較的「わかりやすい」のは，「有理数の数列で収束する値」になっているかどうか，という定義である．これは，言い換えるなら，「小数点以下を何桁でも増やしていけば，その値をどんどんと正確に書くことができる」という性質をもった値ともいえる．ただし，現時点では「収束」とは何か，「正確に」とは何かを定義していないので，この定義では厳密ではないものの，本書では，この説明にとどめる[3]．実数の集合は $\mathbb{R}$ と書く．

$$\mathbb{R} = \{ r \mid \text{ある有理数の数列} \{a_n\} \text{があって，} a_n \to r \}$$

2章（2.3.5 循環小数と有理数，p.25）で述べるように，有理数を小数で表記していくと，途中で必ず0が続くか，循環小数になる．また，循環小数で書ける数は必ず有理数である．したがって，有理数は実数に含まれることがわかる．

だが，小数点以下の桁数をどれだけ増やしても循環しないが，一定の値に近づいていく場合，それは実数であるが，有理数ではない．この数を**無理数**という．すでに述べたとおり，これは「比をもたない数」であるから，「無比数」と考えるのがよい．無理数の例としては，$\sqrt{2}$，$\sqrt[3]{2}$，π などがある．

---

[3] —— 数学の専門書では，$\epsilon - \delta$ 論法と呼ばれる論法がしばしば用いられる．

1.4 位取り記数法

記数法とは，数をどのようにして表現するか，という方法のことである．ここでは，**位取り記数法**を取り上げる．位取り記数法とは，あらかじめ設定したいくつかの文字を数字として用い，その数字の並びを数として認識するために，桁の概念を利用する表記方法である．

1.4.1 位取り記数法での数え方

ものの個数のように，自然数に相当する数を数える時に利用する．ここではまず，十進法を例にして，位取り記数法を説明する．

まず，（零に割り当てる数字以外の）数字 1 文字を，自然数に順に割り当てていく．

$$1, 2, 3, 4, 5, 6, 7, 8, 9$$

これですべての数字を利用した．ここでは表現できない，「その次の数」を表現するために数字を 2 つ並べる．このとき，11 とせずに，新しい数字 0 を利用して，10 とする．このようにしていくと，

$$1, 2, \cdots, 9, 10, 11, \cdots$$

となり，私たちがよく知っている十進法による数の表記を得ることができる．また，この際に用いた 0 は，「何もない」という概念を表記するのに用いることができる．

位取り記数法での表記と数の関係の例を挙げておく．

$$97 = 9 \times 10 + 7 \times 1$$
$$602 = 6 \times 10^2 + 2 \times 1$$

$$8128 = 8 \times 10^3 + 1 \times 10^2 + 2 \times 10 + 8 \times 1$$
$$= (((8 \times 10) + 1) \times 10 + 2) \times 10 + 8$$

1.4.2　n 進法

n 個の数字を利用する位取り記数法を n 進法という．10 進法と書くと，誤解されることがあるので，十進法と書くが，これは，$n = 10$ の場合である（本章冒頭に述べたように，この右辺の 10 は，十を表している）．この時，n を**基数**という．文脈から基数を推定できない場合は，$1234_{(10)}$ や，$(1234)_{10}$ のように，数字の並びに基数を添えることがある．

例えば，n 進法の数字を 5 個利用して $d_5 d_4 d_3 d_2 d_1$ と表される数は，次の等式を満たす．

$$d_5 d_4 d_3 d_2 d_{1(n)} \ = d_5 \times n^4 + d_4 \times n^3 + d_3 \times n^2 + d_2 \times n^1 + d_1$$
$$= (((((d_5 \times n) + d_4) \times n + d_3) \times n + d_2) \times n) + d_1$$

1.4.3　二進法

使用する数字を 2 種類にした位取り記数法を，二進法という．通常，二進法の数は，アラビア数字の 0 と 1 を用いて，以下のように表す．

$$0, 1, 10, 11, 100, 101, 110, 111, 1000, 1001, 1010, 1011$$

二進法については，次章で詳しく述べる．

1.4.4　基数ごとの表記法

コンピュータの内部でデータを取り扱う場合，その数字の列が二進法表記なのか，十進法表記なのか，十六進法表記なのかを明示する時に，

第 1 章　人間の活動と数の表し方　｜　**9**

その数の前，あるいは後ろに特別な記号列をつけることがある（表 1.1）.

表 1.1　基数ごとの表記法

基数	前置	後置	由来
十六	0x2C	2CH	hexadecimal
十	0d44	44d	decimal
八	0o134 0134	134o	octal
二	0b101100	101100b	binary

　表 1.1 にあるように，数表記の前（左）に 0 を書くと，八進での表記とみなされることがある．これは，次章で述べる固定長表記をした時と混同されることから，注意が必要である．

1.4.5　歴史

　位取り記数法が発明されたのはいつのことかという記録はない．現在わかっている範囲では，遅くとも 8 世紀には現在のインドで使用されていた．だが，この当時は，0 が用いられておらず，0 の代わりは空白で代用されていた．そのため，数字と空白の並びが，どの数を表しているのかは，その表現だけで判断できない状況であった．一方で，9 世紀から 10 世紀頃のアラビア・インド数学は，位取り記数法を採用している．ここでは 0 が利用されている．

　このような経緯から，この時に利用される数字は**アラビア数字**と呼ばれ，また，「0 はインド人によって発見された」という話が広く知られるようになっている．

1.5　数字と記数法

　現在，私たちが使用している数字はアラビア数字と呼ばれるものであ

10

る．アラビア数字が広く普及する前から，様々な数字が利用されてきた．

1.5.1 古代メソポタミア（バビロニア）での数字

　メソポタミア文明が興った古代バビロニアでは，楔形文字を用いていた．数字もまた，楔形文字で表されていた．また，60進の位取り記数法が採用されていたが，零に相当する文字がなかったため，そこは空白を利用していた（図1.1）．

𒁹	1	𒌋𒁹	11	𒌋𒌋𒁹	21	𒌍𒁹	31	𒐏𒁹	41	𒐐𒁹	51
𒈫	2	𒌋𒈫	12	𒌋𒌋𒈫	22	𒌍𒈫	32	𒐏𒈫	42	𒐐𒈫	52
𒐈	3	𒌋𒐈	13	𒌋𒌋𒐈	23	𒌍𒐈	33	𒐏𒐈	43	𒐐𒐈	53
𒐉	4	𒌋𒐉	14	𒌋𒌋𒐉	24	𒌍𒐉	34	𒐏𒐉	44	𒐐𒐉	54
𒐊	5	𒌋𒐊	15	𒌋𒌋𒐊	25	𒌍𒐊	35	𒐏𒐊	45	𒐐𒐊	55
𒐋	6	𒌋𒐋	16	𒌋𒌋𒐋	26	𒌍𒐋	36	𒐏𒐋	46	𒐐𒐋	56
𒐌	7	𒌋𒐌	17	𒌋𒌋𒐌	27	𒌍𒐌	37	𒐏𒐌	47	𒐐𒐌	57
𒐍	8	𒌋𒐍	18	𒌋𒌋𒐍	28	𒌍𒐍	38	𒐏𒐍	48	𒐐𒐍	58
𒐎	9	𒌋𒐎	19	𒌋𒌋𒐎	29	𒌍𒐎	39	𒐏𒐎	49	𒐐𒐎	59
𒌋	10	𒌋𒌋	20	𒌍	30	𒐏	40	𒐐	50		

図1.1　古代バビロニアの数字
©Josell 7（CC BY-SA 4.0 DEED）

1.5.2 ローマ文明での数字

　古代ローマで使用されていた数字は，現在でも**ローマ数字**として広く知られている．ここに，その記法をまとめておく．
- まず，いくつかの数を1つの文字で表す（表1.2）．

第1章 人間の活動と数の表し方　｜　**11**

表 1.2　ローマ数字と数

数	1	5	10	50	100	500	1000
ローマ数字	I	V	X	L	C	D	M

- 次に，1文字で表せない数は，数の組み合わせを利用して，最も少ない文字数で表せるようにする（表1.3）．

表 1.3　ローマ数字の組み合わせによる数表現

数	2	3	6	30	35	121	1780
ローマ数字	II	III	VI	XXX	XXXV	CXXI	MDCCLXXX

- ある数に対して，同じ文字を4つ並べなくてはいけない時，それより小さい数を引き算として左に添えて表す（表1.4）．

表 1.4　ローマ数字の組み合わせによる数表現

数	4	9	40	90	444
本来の表記	IIII	VIIII	XXXX	LXXXX	CCCCXXXXIIII
減数表記	IV	IX	XL	XC	CDXLIV

1.5.3　算木

　算木は，古代中国や日本で，以前から計算に用いられていた道具である（図1.2）．

　小さな木を並べて数を表し，計算を進めることが可能であった．

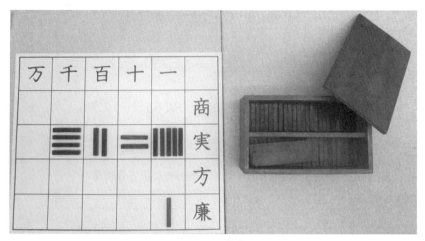

図 1.2　算木
出典：滑川市立博物館所蔵「岩城家文書」より

1.5.4　そろばんによる数表現

　算木は数を表現する方法であり，簡単な計算をする方法でもあった．算木と同様に，そろばんもまた数を表現し，そして，数の計算ができる道具である（図 1.3）．そろばんについては，第 3 章で詳しく述べる．

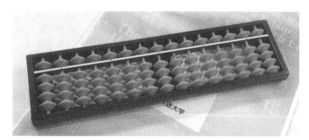

図 1.3　そろばん

第1章 人間の活動と数の表し方 | **13**

1.5.5 十干十二支

　十干十二支は，古くから用いられている記数法である．2文字を用いる固定長表現（次章で述べる）であるが，位取り記数法ではない．

　十干とは，「甲・乙・丙・丁・戊・己・庚・辛・壬・癸」という文字群である．十二支とは，「子・丑・寅・卯・辰・巳・午・未・申・酉・戌・亥」という文字群である．十干十二支は，これらを組み合わせて，1から60までの数を表現するために使われてきた（表1.5）．

表1.5　十干十二支と自然数の対応

01 ＝甲子	13 ＝丙子	25 ＝戊子	37 ＝庚子	49 ＝壬子
02 ＝乙丑	14 ＝丁丑	26 ＝己丑	38 ＝辛丑	50 ＝癸丑
03 ＝丙寅	15 ＝戊寅	27 ＝庚寅	39 ＝壬寅	51 ＝甲寅
04 ＝丁卯	16 ＝己卯	28 ＝辛卯	40 ＝癸卯	52 ＝乙卯
05 ＝戊辰	17 ＝庚辰	29 ＝壬辰	41 ＝甲辰	53 ＝丙辰
06 ＝己巳	18 ＝辛巳	30 ＝癸巳	42 ＝乙巳	54 ＝丁巳
07 ＝庚午	19 ＝壬午	31 ＝甲午	43 ＝丙午	55 ＝戊午
08 ＝辛未	20 ＝癸未	32 ＝乙未	44 ＝丁未	56 ＝己未
09 ＝壬申	21 ＝甲申	33 ＝丙申	45 ＝戊申	57 ＝庚申
10 ＝癸酉	22 ＝乙酉	34 ＝丁酉	46 ＝己酉	58 ＝辛酉
11 ＝甲戌	23 ＝丙戌	35 ＝戊戌	47 ＝庚戌	59 ＝壬戌
12 ＝乙亥	24 ＝丁亥	36 ＝己亥	48 ＝辛亥	60 ＝癸亥

　これは，「1文字目は十干」「2文字目は十二支」で，数が1増えると，それぞれが1ずつ進むようになっている．ただし，十干も十二支も，最後まで使うと最初に戻る仕組みである．

1.6 命数法と，桁区切りと小数点

1.6.1 命数法

命数法とは，大きな数を表す時に使う呼び名で，日本語では「十 = 10，百 = 10^2，千 = 10^3，万 = 10^4，億 = 10^8」などがある．

英語では，大きな数を表す単位として，表 1.6 に示す単位がよく用いられる．

表 1.6　英語の命数法

thousand	1,000	千
million	1,000,000	百万
billion	1,000,000,000	十億
trillion	1,000,000,000,000	兆

一方で，大きな数を呼ぶ単位もよく用いられている（表 1.7）．

表 1.7　単位の一部

キロ	k	1,000	千
メガ	M	1,000,000	百万
ギガ	G	1,000,000,000	十億
テラ	T	1,000,000,000,000	兆

コンピュータの世界では，演算の基本が二進法となるため，表 1.8 の書き方をすることもある．

例えば，KB より KiB の方が大きい．他の単位も同様になるので，注意が必要である．

第1章 人間の活動と数の表し方 | **15**

表1.8 コンピュータの内部でのバイトを扱う単位

キビ	KiB	1,024	2^{10}
メビ	MiB	1,048,576	2^{20}
ギビ	GiB	1,073,741,824	2^{30}
テビ	TiB	1,099,511,627,776	2^{40}

1.6.2 桁区切りと小数点

私たちは日常生活で数を表記する時，誤解がないように，数を適当に区切る．これを**桁区切り**という．

日本人にとって，十進法では，日本語の命数法が4桁を基準としている（万進）ので，本来なら4桁ごとに区切ると読みやすいが，欧米の3桁区切りに合わせて表記することが多い．

ところで，二進法では，8ビット表記を4ビットずつ区切ることがある．このようにすると，4ビットは16であることから，十六進法表記の1文字として読み取りやすい．

$$0010\ 1100_{(2)} = 2C_{(16)}$$

一方で，インターネットで利用されるIPアドレスは，32ビットのデータである．例えば，www.ouj.ac.jp のIPアドレスは，202.236.107.164となっているが，これは，32ビットを8ビットずつ区切り，それぞれを十進法で表記した書き方である．

桁区切りの記法は，国によって異なっている．いくつかの国では，コンマ（,）とピリオド（.）の使い方が日本と逆になっていたり，3桁区切りを空白で区切ったりしている（表1.9）．

表1.9 桁区切りと小数点

日本	1,234,567.891
ドイツなど	1.234.567,891
フランス	1 234 567,891

演習課題

[1.1] もし,「数字」として,「北」「東」「南」「西」を使うなら,数字は四個となる.これらを使った演算も考えられる.「数字」として「北」「東」「南」「西」を使い,桁長3で数値を表現してみよ.また,四個の数字を使って,掛け算の「三三の表」(十進法の「九九の表」に該当するもの)を作れ.

[1.2] 以下の数を,ローマ数字を用いた記数法で表せ.
  (1) 28
  (2) 491
  (3) 1997
  (4) 2014

[1.3] 十干十二支には,「己辰」はない.
  (1) このように,存在しない組み合わせは合計でいくつあるか.
  (2) なぜ存在しない組み合わせが存在するのか,述べよ.

参考文献

[1] 加藤文元『物語 数学の歴史:正しさへの挑戦』中央公論新社,2009 年
[2] 森毅『数学の歴史(講談社学術文庫)』講談社,1988 年
[3] 島内剛一『数学の基礎 シリーズ日評数学選書(名著の復刊)』日本評論社,2008 年
[4] 渡辺治『コンピュータサイエンス』丸善出版,2015 年

2 二進法・ビット・整数の計算

辰己　丈夫

《**目標＆ポイント**》　主に数学の計算などに用いられるアルゴリズムには，反復（繰り返し）を伴うものが多い．一方で，二進法による表現を利用した計算方法などもある．本章では数学的な計算について説明する．また，指数対数の計算も学ぶ．

《**キーワード**》　基数の変換，循環小数，指数・対数，剰余

2.1　数の表記法に関する思考実験

　数と，数の表記方法の区別がまだ明確でなかった時代は，数とは数の表記そのものであり，数の表記とは数字の並びであった．私たちは古代から様々な方法で個数を，すなわち，自然数を表してきたが，その基本となるのは，現在私たちが住んでいる地球の上で知的動物として暮らしている人間の指の本数を利用した，個数の表現方法である．これは，ものの個数を数える時は，両手の指を利用することから，両手の指の本数を利用した数の表記方法が原始的にできあがったのである．

　このことは，思考実験をしてみるとすぐにわかる．もし，私たち，地球上の人間が知らない，ある星の知的生命体が，ものの個数を数えるとする．その生物には，手が2本あり，片手で7本の指があるとする．この場合，この知的生命体は，ものの個数を数える時，私たちが用いる十進法を採用するだろうか？

　もしかすると，位取り記数法を発見していて，十四進法を採用してい

るかもしれない. しかし, 位取り記数法を発見しておらず, 別の方法で
数を表現しているかもしれない. 別の方法は, 私たちが知らない「よい」
方法かもしれないし, 私たちが知っている「よくない」方法かもしれな
い. もし知的生命体に指や腕に相当するものがない場合でも, 何らかの
方法で数を表記するであろう.

いずれにしても, 現在, この地球上で暮らしている私たちが採用してい
る方法は, 全宇宙で通用する方法ではないということである.

2.2 二進法とビット

現在の私たちの生活は, コンピュータなしには考えられない. 「コン
ピュータは二進法で動いている」と言われることが多いが, この言葉の
意味は深淵である. ここでは, 数の二進法表現と, ビット列との関係,
固定長と可変長, そして計算手順と数の関係について簡単に述べる.

2.2.1 ビット

ビットとは, 2種類の値のいずれかとなる数のことである. ビットを
並べたものをビット列と呼ぶ. 通常, ビットは0か1で表され, したがっ
てビット列は二進法の数と同じように見える.

2.2.2 固定長と可変長

位取り記数法では, 自然数を表記する時に, その数の大きさに合わせ
て, 多数の数字を利用する. 様々な数を取り扱う際にその桁数は一定で
ないため, どんな大きな数でも表記できる. これを, **可変長表記**という.
最も左の数字は0ではなく, 必ず1から9までの数となる.

一般に, 数学では可変長表記を用いる. 本書のページ番号のような表
記も可変長表記である.

一方で，**固定長表記**とは，一定個数の数字を使うように，位取り記数法の表記の左側に 0 を並べた数表記である．n 桁の数字を用いた表記は **n 桁表記**という．また，n 個のビットを用いたビット列で表記する場合，**n ビット表記**という．

以下に，固定長表記の例を挙げる．

① 電気・ガスの使用量の計測器や，計数器（カウンター），自動車の走行距離を表す表示計は，「000813」（この場合は 6 桁表記）のように走行距離を表す左側が「0」で埋められた固定長となっている．

図 2.1 計数器（カウンター）

② 電話番号や ISBN，クレジットカードの会員番号などは，固定長で表記しているが，0001 番から順番に増えていくようなものではない．

③ 自動車の登録ナンバーは，4 桁の固定長である．しかし，（左側は，「・」を空白とみなせば）最大 4 桁の可変長表記である（桁数が 3 桁か 4 桁の時は，2 桁区切りとして「ハイフン」を挿入する）．

某市500 ふ ‥ ・2	某市500 へ・6 - 02	某市500 ほ 55 - 23

2.2.3　固定長への変換

　8ビット表記を採用した場合，$65_{(10)}$ を二進法で表すと，$1000001_{(2)}$ という7桁の二進法表記となるが，これを8ビット表記になるように，左に1つの '0' を追加し，さらに通常は読みやすく，4文字ごとに桁区切りを入れ，$0100\,0001_{(2)}$ とする（表2.1）.

表2.1　二進法表記と固定長表記

二進法表記	1	1000001	10000001
8ビット表記	0000 0001	0100 0001	1000 0001

2.2.4　桁あふれの取り扱い

　n ビット固定長表記での計算途中で，数が大きくなり過ぎて桁が足りなくなった時，**桁あふれ**が発生したという．この場合に右側の n ビットだけを用いると，計算結果を 2^n で割った余りを求めることができる[1].
　例えば，265の「8ビット表記の右側8ビット」は，「265を256で割った余り = 9の8ビット表記」と同じである（表2.2）.

表2.2　桁あふれの対応

十進法表記	9	265
二進法表記	1001	100001001
8ビット表記	0000 1001	桁あふれ
二進法表記の右側8ビット	0000 1001	0000 1001

---

[1] —— ある数の十進法表記の右3桁は，その数を1000で割った余りであることと同様である.

第2章 二進法・ビット・整数の計算 | **21**

2.3 基数の変換計算

2.3.1 二進法と八進法の相互変換

八進法で扱われる数字は 8 種類ある．これを $0, 1, 2, 3, 4, 5, 6, 7$ と記す．ここで，$8 = 2^3$ なので，表 2.3 に従って二進法 3 桁を利用し，八進法 1 桁を表すことができる．

表 2.3 二進法と八進法の相互変換

八進法	0	1	2	3	4	5	6	7
二進法	000	001	010	011	100	101	110	111

例えば，次の式が成り立つ．

$$351_{(8)} = 011\ 101\ 001_{(2)} = 011101001_{(2)}$$
（左端の 0 を取り除くと $11101001_{(2)}$）

二進法で書かれた数を八進法で表記する時は，二進法表記の右から 3 ビットずつを区切り，それぞれを八進法で読めばよい．

2.3.2 二進法と十六進法の相互変換

十六進法で扱われる数字は 16 種類ある．これを $0, 1, 2, 3, 4, 5, 6, 7, 8, 9$ と，A, B, C, D, E, F で記す．十六進法は表 2.4 を使って変換できる．

表 2.4 二進法と十六進法の相互変換

十六進法	0	1	2	3	4	5	6	7
二進法	0000	0001	0010	0011	0100	0101	0110	0111
十六進法	8	9	A	B	C	D	E	F
二進法	1000	1001	1010	1011	1100	1101	1110	1111

例えば，次の式が成り立つ．

$$A3_{(16)} = 1010\ 0011_{(2)} = 10100011_{(2)}$$

二進法で書かれた数を十六進法で表記する時は，次に示す例のように，二進法表記の右から4ビットずつを区切り，それぞれを十六進法で読めばよい．

$$1100000001010000000000000000000000_{(2)}$$
$$= 1100\ 0000\ 0101\ 0000\ 0000\ 0000\ 0000\ 0000_{(2)} = C0500000_{(16)}$$

2.3.3　二進法と十進法の変換

（1）十進法から十進法へ

まず，十進法表記の数値から，十進法表記の各桁の数字を取り出す方法を考える．

以下では，十進法で1179と表される数を用いる．この数（4つの数字の並び）は，

$$1179 = 1 \times 10^3 + 1 \times 10^2 + 7 \times 10^1 + 9 \times 10^0$$

という式で表される値を表している（$10^0 = 1$ である）．

さて，1179という数の1の位の数字9は，1179を10で割った余りとして求めることができる．では，10の位の数字7を求めるにはどうすればいいか．それは，先ほど行った割算の商の値117の1の位を取り出せばいい．

$$1179 \xrightarrow{\quad 9 \quad} 117 \xrightarrow{\quad 7 \quad} 11 \xrightarrow{\quad 1 \quad} 1$$

まとめると，以下のとおりになる．

第2章　二進法・ビット・整数の計算　｜　**23**

- 10 で割った余りを書く → 9
- その時の商を 10 で割った余りを書く → 7
- さらに，次の商を 10 で割った余りを書く → 1
- さらに，次の商を 10 で割った余りを書く → 1

(2) 十進法から二進法へ

上の計算において，割る数 10 を 2 と読み替えるだけで二進法の各桁を求めることができる．

例えば，十進法で 11 と表される数を二進法で表すと，

$$11 \xrightarrow{1} 5 \xrightarrow{1} 2 \xrightarrow{0} 1$$

よって，$11 = 1011_{(2)}$ がわかる．

(3) 二進法から十進法へ

数字「1, 1, 7, 9」を利用して，1179 という数値を次の方法で組み立ててみる．

$$1 \xrightarrow{1} 11 \xrightarrow{7} 117 \xrightarrow{9} 1179$$

この組み立て方の特徴は，

- 元の数値の左から数字を見て
- 10 倍しながら加える

という操作の繰り返しになっている．

同じことを二進法表記でも考えることができる．二進法の場合は，桁が 1 つ増えるごとに値は 2 倍になる．そのことに注意すると，次の関係式を得る．

$$
\overset{0}{(1)_2} \longrightarrow \overset{1}{(10)_2} \longrightarrow \overset{1}{(101)_2} \longrightarrow (1011)_2
$$

これを十進法で書いてみると

$$
\overset{0}{1} \longrightarrow \overset{1}{2} \longrightarrow \overset{1}{5} \longrightarrow 11
$$

となる．すなわち，$1011_{(2)} = 11$ であるといえる．

2.3.4 小数点の取り扱い

(1) 二進法から十進法へ

十進法の場合，整数部分（**小数点の左**）に並んだ数字は，右に進むと，「万→千→百→十」のように $\frac{1}{10}$ 倍の値になっていく．そこで，位取り記数法では，小数点の右に並べられた数字も，右に進むほどに $\frac{1}{10}$ 倍とする．すなわち，

$$
1.27 = 1 + 2 \times \frac{1}{10} + 7 \times \frac{1}{10^2}
$$

を表している．このことから，小数点の位置が右に動くと値は 10 倍になる．例えば

$$
1.27 \overset{10\,倍}{\to} 12.7 \overset{10\,倍}{\to} 127
$$

二進法の場合も同じように「小数点の位置が右に動くと値は 2 倍になる」として現れる．すなわち，

$$
1.101_{(2)} \overset{2\,倍}{\to} 11.01_{(2)} \overset{2\,倍}{\to} 110.1_{(2)} \overset{2\,倍}{\to} 1101_{(2)} = 13
$$

よって，$1.101_{(2)} = \dfrac{1101_{(2)}}{2^3} = \dfrac{13}{2^3} = 1.625$ となる．

（2）十進法から二進法へ

二進法での小数表記を求める.

- $x = 0.0 \cdots_{(2)}$ と表されるならば，$2x = 0. \cdots_{(2)}$ となる.
- $x = 0.1 \cdots_{(2)}$ と表されるならば，$2x = 1. \cdots_{(2)}$ となる.

以上より，x を 2 倍して，1 より大きいかどうかを調べると，小数第 1 位の数字が 1 か 0 かがわかる．また，小数第 2 位は，$2x$ の小数第 1 位になっているので，$2x$ の小数部分を 2 倍して調べることで，そこが 0 か 1 かがわかる．まとめると，

- x を 2 倍する.
- $2x$ が 1 以上か 1 未満かを調べる.
- $2x$ の小数部分を取り出す.
- 取り出した数を 2 倍する.
- この作業を「小数部分が 0 になる」あるいは「小数部分に一度出てきたものと同じものが出てくる」まで続ける.

例えば,

$$0.625 \times 2 = 1.25 = 1 + 0.25$$
$$0.25 \times 2 = 0.5 = 0 + 0.5$$
$$0.5 \times 2 = 1 = 1 + 0$$

なので，$0.625 = 0.101_{(2)}$ であることがわかる.

2.3.5 循環小数と有理数

循環小数とは，小数点より右に，「数字の列」として同じものが繰り返される場合の記述法である．繰り返す部分（2 文字以上であれば，その両端）の数字の上に・をつける.

$$\frac{1}{3} = 0.33333\cdots = 0.\dot{3}, \quad \frac{2}{7} = 0.285714285714\cdots = 0.\dot{2}8571\dot{4}$$

ここで，以下の点について確認しておく．

・循環小数で書ける数は有理数である

例えば，$x = 0.\dot{7}6923\dot{0}$ とすると，$1000000x = 769230.\dot{7}6923\dot{0}$ より，$999999x = 769230$ となり，$x = \dfrac{769230}{999999} = \dfrac{10}{13}$ となる．同様の計算をすれば，循環小数は分母が 0 でない自然数，分子が整数の分数で書けるから，有理数である．

・どんな有理数も有限桁の小数か，循環小数で書ける

有理数の小数表現を求める際に割り算を行っていくが，現れる余りは多くても有限通りである．余りが 0 になればそこで計算は終わり，同じ余りが現れると循環を始める．

このように，循環小数について考えることで有理数の定義を考察した．

(1) 記数法と循環小数

ところで，例えば，$\dfrac{1}{2}$，$\dfrac{1}{3}$，$\dfrac{3}{5}$，$\dfrac{2}{7}$ のように，整数 a と 0 でない自然数 b を用いて $\dfrac{a}{b}$ と書ける数は，十進法では有限桁か循環小数となるが，b 進法を利用すれば，

$$\frac{1}{3} = 0.1_{(3)}, \quad \frac{2}{7} = 0.2_{(7)}$$

のように，必ず小数第 1 位で表現できる．一方，

$$0.8 = (0.110011001100\cdots)_{(2)} = 0.\dot{1}10\dot{0}_{(2)}$$

の場合は，十進法では循環しないが，二進法では循環小数となってしま

う例である（確認せよ）.

このように，有理数を小数で表記する際には，何進法を採用しているかによって，有限桁になるか，循環小数で書けるかが異なる.

2.4 誤り検知と誤り訂正

コンピュータの記録装置では，N極とS極や小さな穴を利用して，ビットとして記録している．また，通信の際には，電流の有無などでビットを送信している．しかし，記録・通信したデータを，そのまま正確に読み出せるとは限らない．周囲の環境の変化（磁気や雷）や機械の振動などによって，記録・通信したデータとは異なるデータを読み出すことがある．その際に，データ誤りがあったことを検知したり，そのデータ誤りを訂正したりする必要が生じる．ここでは，記録を例に述べる.

2.4.1 簡単な検査符号

検査符号とは，あるデータが正しく記録されているかどうかを記録後に確認するためにデータに付加する別のデータのことである.

(1) パリティビット

最も簡単な検査符号である．例えば，元のデータを 0100110 の 7 ビットとする．これを記録する時に，1 の個数が偶数になるように，最後に 1 を付けて 01001101 とする．この時に付加されたビットを**パリティビット**という．この例では偶数個としているが，あらかじめ奇数個にするという約束にしてもよい.

検査する時は，1 が偶数個になっているかどうかを調べる．もし 11001101 のように 1 が奇数個になっていれば，正しく記録できていなかったとわかる（表 2.5）.

この方式を，パリティビットを利用した**奇偶検査**（parity check）という．

表2.5　パリティビットの付与と検査

記録したい内容	0100110	
書き込むデータ	01001101	
読み取るデータ	01001101	11001101
検査	1が偶数個 → OK	1が奇数個 → NG
記録	壊れていない	壊れた

(2) チェックサム

いくつかの「値の並び」を元データとする時，そのすべてを加え，ある数で割った余りの値のことを**チェックサム**という．ある数としては，10（余りは1の位）や256（余りは16進法で下位2桁）が採用されることが多い．元データを記録する際にチェックサムも一緒に記録しておくと，障害が発生した時にそれを見つけることができる．

(3) チェックデジット

元のデータを利用して，ある方法で計算した結果の数字（あるいは英字）1文字（あるいは2文字以上の複数の文字）を検査用符号とする．そして，元のデータとその検査用符号を並べて記録する方法である．先に述べたパリティビットは，**チェックデジット**の最も簡単なやり方であるといってもよい．

2.4.2　パリティビットを利用した誤り検知
(1) 垂直水平パリティビット

パリティ計算を2回行う垂直水平パリティという方法も利用されている．
例えば，記録したい内容「1001 0001 1000 1111」に対して水平パリティ

と垂直パリティを追加すると，書き込みデータは「10010 00011 10001 11110 11110」になる．記録したい内容に付加されたパリティのおかげで，書き込みデータでは，縦横どちら向きでも1の個数は偶数個になっている（図2.2）．一方で，読み取りデータ「10010 00001 10001 11110 11110」を見ると，上から2行目と左から4列目で，1の個数が奇数個になっている．このことから，書き込みの2行4列目に誤りが発生したということがわかる．

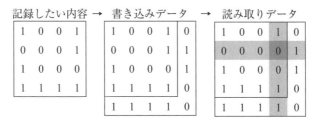

図2.2 水平垂直パリティを利用した誤り訂正

2.5 累乗・指数・対数・階乗

2.5.1 累乗と指数関数

2つの自然数 a, n に対して，a^n を「a の n 乗」といい，この表現方法を**累乗**という．a^n は，古典的には a を n 回掛けたものである．また，a^n という表現の時，a を**底**，n を**指数**ということがある．

1) $a^0 = 1$
2) $a^x \times a^y = a^{x+y}$
3) $(a^x)^y = a^{xy}$

これを指数法則という．この法則は，x, y が自然数でも整数でも有理数でも成立するように定めることが可能であり，結果として，$y = a^x$ と

いう指数関数を考えることができる.

例えば,

$$a^{-1} \times a^1 = a^{-1+1} = a^0 = 1 \text{ よって } a^{-1} = \frac{1}{a}$$

$$(a^{\frac{1}{2}})^2 = a^{\frac{1}{2} \times 2} = a^1 = a \text{ よって } a^{\frac{1}{2}} = \sqrt{a}$$

などであり, 一般には,

1) $a^{-x} = \dfrac{1}{a^x}$

2) $a^{\frac{x}{y}} = \sqrt[y]{a^x}$

が成り立つ. さらに無理数の場合は, 有理数の近似列を使って対応させる. 例えば,

$$a^1, \ a^{1.4}, \ a^{1.41}, \ a^{1.414}, \ a^{1.4142}, \ a^{1.41421}, \ a^{1.414213}, \ a^{1.4142135}, \ \cdots$$

の数列の極限値を $a^{\sqrt{2}}$ と定める.

(1) 指数関数は急に大きくなる

例えば, $f(x) = 10x^2$, $g(x) = 2^x$ とすると, $f(1) = 10$, $g(1) = 2$ なので, $f(1) > g(1)$ であるが, x を大きくしていくと, $x = 10$ の時点で $f(10) = 1000$, $g(10) = 1024$ となり, 以後, 常に $f(x) < g(x)$ が成り立つ.

もし, $f(x) = 100x^3$ としても, $f(x) = 1000x^4$ としても, そして, $f(x) = 1000000x^{10000}$ としても, ある値より x を大きくすると, 常に $f(x) < g(x)$ が成り立ってしまう[2].

2.5.2 対数関数

a を1でない正の実数とする. 今, $c = a^b$ が成立している時, $b = \log_a c$

★2── 一般的には, 微分法を利用すると証明することができる. $F(x) = 2^x - \sum_{k=0}^{p} \dfrac{x^k}{k!}$ とおき, $x > 0$ の時 $F(x) > 0$ となることを, p に関する数学的帰納法で示す. $2^x = e^{x \log 2}$ も利用する.

と書き，これを「a を底とする c の**対数**は b である」という．次の等式が成り立つ．

1) $\log_a x + \log_a y = \log_a xy$

2) $\log_a(x^y) = y \log_a x$

3) $\log_x a = \dfrac{1}{\log_a x}$ （ただし $x > 0$ かつ $x \neq 1$）

4) $(\log_a b)(\log_b c) = \log_a c$ （ただし $b > 0$ かつ $b \neq 1$）

また，$y = \log_a x$ と表される関数 log を対数関数という．ここで，a を対数関数の**底**といい，x を**真数**という．

2.5.3 底の交換

指数関数でも対数関数でも，底を交換することができる．

(1) 指数の底の交換

$8 = 2^3$ なので，$8^x = (2^3)^x = 2^{3x}$ が成立する．ここで，$3 = \log_2 8$ であったことに注意すると，$8^x = 2^{(\log_2 8)x}$ と書くことができる．この計算法則を一般化させると次の規則を得る．

$a,\ b$ を 1 でない正の実数，x を実数とする時，$a^x = b^{(\log_b a)x}$ が成り立つ．

(2) 対数の底の交換

$a,\ b$ を 1 でない正の実数，x を実数とする時，対数の定義から，次の 3 式が成り立つ．

- $x = b^{\log_b x} \cdots\cdots (2.1)$
- $b = a^{\log_a b} \cdots\cdots (2.2)$
- $x = a^{\log_a x} \cdots\cdots (2.3)$

式 (2.2) を式 (2.1) に代入すると，$x = (a^{\log_a b})^{\log_b x} = a^{(\log_a b)(\log_b x)}$ となる．これを式 (2.3) と比較すると，

$$x = a^{\log_a x} = a^{(\log_a b)(\log_b x)}$$

となる．指数部分を比較すると，

$$\log_a x = (\log_a b)(\log_b x)$$

が成り立つ．以上をまとめると次の法則が成り立つ．

a, b を 1 でない正の実数，x を実数とする時，

$$\log_a x = (\log_a b)(\log_b x) \text{ すなわち } \log_b x = \frac{\log_a x}{\log_a b}$$

が成り立つ．

2.5.4 桁数

十進法で2桁までで表せる数値は何個あるかという問題の答えは，0から99までの100個である．これを数値として考えるのではなく，「0～9の10個の数字を2個並べてできる場合の数」として $10^2 = 100$ と考えることもできる．

同じように，十六進法では2桁で $16^2 = 256$ 通りの数値を表すことができる．これは，「0～Fまでの16個の数字を2つ並べてできる場合の数」として考えればよい．このようにして考えると，

　　　一般に p 進法では，n 桁で p^n 通りの数値を表せる

といえる．

2.5.5 階乗

n の**階乗** $n!$ を，次の式で定義する．

$$n! = 1 \times 2 \times \cdots \times (n-1) \times n$$

第2章　二進法・ビット・整数の計算　| **33**

この時，$3! = 1 \times 2 \times 3 = 6$，$4! = 3! \times 4 = 24$，$5! = 4! \times 5 = 120$ などが
成り立つ．階乗を利用すると，

　　A, B, C, D の 4 つの文字の並べ方の場合の数は，$4! = 24$ 通り
のように，組み合わせの場合の数を求める時に表現が簡単になる．

2.6　整数の計算

2.6.1　倍数

0 でない整数 a, b, c について，$a = bc$ の関係が成り立っている時，「a
は b の**倍数**である」および「a は c の倍数である」という．また，この
時「a は b で割り切れる」および「a は c で割り切れる」という．これを，
「$b \,|\, a$」や「$c \,|\, a$」と書くことがある．

- 整数 x と y の両方の約数を，x と y の**公約数**という．
- 正の公約数で最大のものを**最大公約数**という．$(x_1, \cdots, x_n)$ で，x_1,
  $\cdots, x_n$ の最大公約数を表すことがある．

2.6.2　素数

1 と自分自身以外に約数をもたない数を，**素数**（prime number）という．
素数でない数を**合成数**という．x と y の最大公約数が 1 となる時，「x と
y は互いに素である」という．

2.6.3　商・剰余

整数 x, y $(y \neq 0)$ について，「x を y で割った時の余り（remain）が r
となる」とは，

適当な整数 q をとると，$x = yq + r$ かつ $0 \leq r < |y|$ が成り立つ
（$x - r$ が y の倍数となる）

こととする．また，この時の整数 x を被除数，整数 y を除数，整数 q を**商**，余り r を**剰余**という．

したがって，$x < 0$ の場合でも商や余りを考えることができる．例えば，-6 を 10 で割ると，$-6 = 10 \times (-1) + 4$ であるから，「商は -1，余りは 4」となる．

2.6.4 剰余の特徴

例えば，十進法で $x = 6355947$ という数と，$y = 1247$ という数では，右側の 2 桁（下 2 桁）が同じである．この時，「(x を 100 で割った剰余）＝（y を 100 で割った剰余）」が成立している．また，「$x - y$ は，100 で割り切れる」ことがわかる．

整数 x, y, p $(p \neq 0)$ について，

$$(x \text{ を } p \text{ で割った剰余}) = (y \text{ を } p \text{ で割った剰余})$$

が成立している時，

$$x \equiv y \,(\mathrm{mod}\ p)$$

と書き，「x と y は，p を法として合同である」という．

演習課題

[2.1] 身近にある，数字を使った様々な表記を，固定長と可変長とそれ以外に分類せよ．

[2.2] 以下の基数法の底の変換をせよ．

(1) 十進法で $x = 508$ と表される数を，二進法と十六進法で表せ.

(2) 二進法で $x = 101100011$ と表される数を，十進法で表せ.

(3) 二進法で $x = 10110.0011$ と表される数を，十進法で表せ.

(4) 十進法で $x = \dfrac{3}{5}$ と表される数を，二進法で表せ.

[2.3] $16^x = 2^y$ の時，y を x で表せ.

[2.4] 地震のエネルギー E とマグニチュード M の関係は，以下の式で表される（計算しやすくするために近似した）.

$$E(M) = A \times 31^M$$

ここで，A はある正の定数である.

(1) $M = 4$ である地震のエネルギー $E(4)$ は，$M = 3$ である地震のエネルギー $E(3)$ の何倍か.

(2) $M = 5.1$ である地震のエネルギー $E(5.1)$ は，$M = 4.1$ である地震のエネルギー $E(4.1)$ の何倍か.

(3) 1 年を，365.25 日であるとする．毎日，$M = 5$ の地震 1 回が発生するとするならば，何年分のエネルギーの総和が，$M = 8$ の地震 1 回のエネルギーになるか.

[2.5] mod の定義より，$a \equiv b \pmod{p}$ とは，a を p で割った剰余と b を p で割った剰余が等しいということである．この時，次の (1) から (6) の各項を証明せよ．ただし，現れる変数はいずれも 0 以上の整数とし，p は 2 以上の整数とする.

なお，以下の（ア）から（エ）は自明として利用してよい.

（ア）$a \equiv a \pmod{p}$

（イ）$a \equiv 0 \,(\mathrm{mod}\, p)$ ならば，a は p の倍数

（ウ）a が p の倍数ならば $a \equiv 0 \,(\mathrm{mod}\, p)$

（エ）$a \equiv b \,(\mathrm{mod}\, p)$ ならば $b \equiv a \,(\mathrm{mod}\, p)$

（1）$x \equiv y \,(\mathrm{mod}\, p)$ ならば $x - y \equiv 0 \,(\mathrm{mod}\, p)$

（2）$x - y \equiv 0 \,(\mathrm{mod}\, p)$ ならば $x \equiv y \,(\mathrm{mod}\, p)$

（3）$x \equiv y \,(\mathrm{mod}\, p)$ かつ $y \equiv z \,(\mathrm{mod}\, p)$ ならば $x \equiv z \,(\mathrm{mod}\, p)$

（4）$x \equiv y \,(\mathrm{mod}\, p)$ ならば $kx \equiv ky \,(\mathrm{mod}\, p)$（ただし，$k$ は任意の整数）

（5）$x_1 \equiv y_1 \,(\mathrm{mod}\, p)$ かつ $x_2 \equiv y_2 \,(\mathrm{mod}\, p)$ ならば

  （5-1）$x_1 + x_2 \equiv y_1 + y_2 \,(\mathrm{mod}\, p)$

  （5-2）$x_1 - x_2 \equiv y_1 - y_2 \,(\mathrm{mod}\, p)$

  （5-3）$x_1 \times x_2 \equiv y_1 \times y_2 \,(\mathrm{mod}\, p)$

（6）$x \equiv y \,(\mathrm{mod}\, p)$ ならば $x^n \equiv y^n \,(\mathrm{mod}\, p)$（ただし，$n$ は 1 以上の整数）

参考文献

[1] Knuth, D. E. 『基本算法 I　基礎概念』廣瀬健・訳，サイエンス社，1978 年（原著：『The Art of Computer Programming 1』）

[2] Brian W. Kernighan『ディジタル作法―カーニハン先生の「情報」教室―』久野靖・訳，オーム社，2013 年

3 | 計算のしかけ

高岡　詠子

《**目標＆ポイント**》　本章では計算とは何かについて述べる．まず，最も身近な計算である四則演算を，計算という観点から捉え直して理解する．各種の暗算の手法についても紹介する．次に，コンピュータにとっての計算とは何かということを考え，現在のコンピュータの基礎理論であるチューリングの計算理論にも言及する．

《**キーワード**》　四則演算，暗算，計算，チューリング・マシン

3.1　四則演算

四則演算とは，加減乗除（加法：足し算，減法：引き算，乗法：掛け算，除法：割り算）の4つの演算のことである．たいていの場合，小学校で筆算を習うだろう．筆算について復習してみる．図3.1を見てほしい．13×18 を筆算で行う手順は下記のようになる．

①$13 \times 8$ をまず行い，その結果を3行目に104と記入する．

②次は2行目の18の10の位の1と13を掛けるが，これは実際は図3.1にあるように 13×10 の10の位を取っているので，筆算で書く場合はこの0の桁があるものとしてその1桁分左にずらして13を書く．

③最後に①と②の結果を足して234という答えを得る．

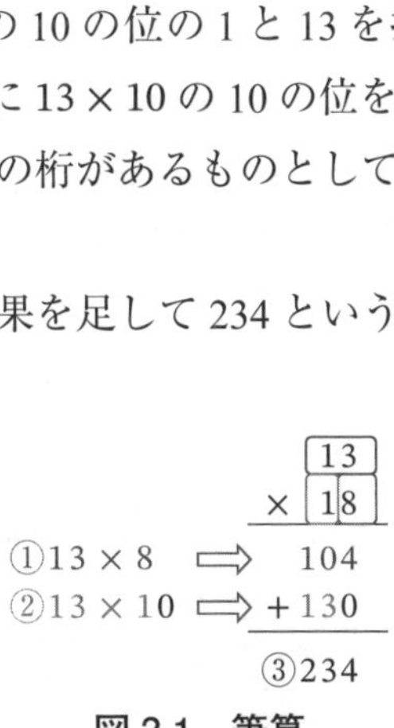

$$
\begin{array}{r}
13 \\
\times\ 18 \\
\hline
\end{array}
$$

①$13 \times 8 \implies 104$
②$13 \times 10 \implies +130$
③$234$

図3.1　筆算

このような計算を筆算ではなく暗算で行う手法がいくつかあるので，本章ではこれらについて学んでいく．

3.2 暗算を簡単に行う

28 + 134 はそのまま暗算でも計算できるが，28 + 2 − 2 + 134 = 30 + 132 のように，一方の数値を一番近い切りのよい数に導くという手順でも計算できる．54 × 9 は以下のような手順で計算できる．

$$54 \times 9 = 54 \times 10 - 54 \times 1 = 540 - 54 = 540 - 40 - 14 = 500 - 14 = 486$$

このような計算を自然に行っている人もいるのではないか．ここではもう少し複雑な計算を暗算で行う手法を紹介しよう．インド式暗算やエジプト式暗算と名づけられている暗算の手法や速算法に関する本や資料が最近多く出ているようである．しかし，これらは必ずしもインドやエジプトだけで使われているわけではなく，暗算法の多くは昔から日本でも使われてきているようである．ここでは，その中でもいくつか役に立つ暗算法を紹介し，なぜその手法で計算ができるのかを学ぶ．

3.2.1　2桁の掛け算の暗算法

2桁の掛け算の暗算法をいくつか紹介する．

まず 68 × 62 のような，10 の位の数が等しく，1 の位の数同士を足すと 10 になる 2 つの数の掛け算から紹介しよう．このような掛け算は，まず 10 の位の 6 に 1 を足した 7 を 6 に掛け（図 3.2 の①の 42 の部分，実際は 10 の位なので 60 × 70 に等しい），それを 100 の位と 1000 の位の部分に書く．次に 8 × 2（図 3.2 の②）を 4200 に足す（図 3.2 の③）という形で簡単に計算ができる．

この計算の原理を説明しよう．10 の位の数を x，1 の位の数を a と

第3章　計算のしかけ　　**39**

$10 - a$ とおけば，2 つの数の積は $(x + a)(x + 10 - a)$ である．この式を展開すると下記のようになる．

$$(x + a)(x + 10 - a) = (x + a)\{x + (10 - a)\}$$
$$= x^2 + x\{a + (10 - a)\} + a(10 - a)$$
$$= x^2 + 10x + a(10 - a) = x(x + 10) + a(10 - a)$$

$x = 60$，$a = 8$ の時は，

$$x(x + 10) + a(10 - a) = 60 \times 70 + 8 \times 2 = 4200 + 16$$

となる．10 の位の数と 10 の位の数に 1 を加えた値を掛け合わせる部分が $x(x + 10)$ の部分になる．

$$
\begin{array}{r}
\boxed{6}\,\boxed{8} \\
\times \ \boxed{6}\,\boxed{2} \\
\hline
\end{array}
$$

①$60 \times 70 \implies 4200$
②$\quad 8 \times 2 \implies + \ \ 16$
③$4216$

図 3.2　10 の位の数が等しく 1 の位の数の和が 10 である 2 つの数の掛け算

　次に 47×67 のような，10 の位の数同士を足すと 10 になり，1 の位が同じ数になる 2 つの数の掛け算を暗算で計算する手法を紹介しよう．10 の位の 4 と 6 を掛けた 24 に 1 の位の 7 を加えた 31 を 1000 の位，100 の位に書く．そして 10 の位と 1 の位の場所には $7 \times 7 = 49$ を書く．つまり 3149，これで終わりである．

　この計算の原理を説明しよう．10 の位の数を a と $10 - a$，1 の位の数を b とおくと，2 つの数の積は $(10a + b)\{10(10 - a) + b\}$ である．したがって以下のように展開できる．

$$(10a + b)\{10(10 - a) + b\}$$
$$= 100a(10 - a) + \{10(a + 10 - a)\}b + b^2$$
$$= 100\{a(10 - a) + b\} + b^2$$

　例でいえば，$a(10 - a)$ の部分が 24 で，これに $b = 7$ を加えた 31 が 100 倍されているから，結局 3100 + 49 の計算を行っていることになる.

　では，もう少し複雑な例として，13×18，34×39 など，10 の位が同じ数（ただし 1 の位の数の和は 10 ではない）の掛け算を暗算する手法を紹介しよう.

　数をその数に最も近い，その数より小さい 10 の倍数との和（$13 = 10 + 3$，$34 = 30 + 4$ など）とおく. 13×18 の場合，下記の式を見てほしい.

$$13 \times 18 = (10 + 3) \times (10 + 8) = \underline{10 \times 10 + 10(3 + 8)} + 24 \quad (3.1)$$

という式の下線部分に注目する. ここを因数分解して

$$\underline{10 \times 10 + 10(3 + 8)} = 10\{10 + (3 + 8)\}$$

と考えれば，式（3.1）は

$$10 \times (10 + 3 + 8) + 24 = 210 + 24 = 234 \quad (3.2)$$

となる. 3.1 節で説明した筆算とどこが違うか，図 3.3 を見てほしい. 図 3.1 の①の手順を①と①′ に分けて考えることができる. 式（3.2）と対応させると

$$10 \times (\underline{10} + \underline{3} + \underline{8}) + \underline{24}$$

⇧　　⇧　　⇧　　⇧

②′　②　①′　①

となる．

　これは次のような図形を用いて考えることもできる．13×18 は図 3.4 左に示すような長方形と思えばよい．図 3.1 に示す筆算では①と①′の部分を先に計算し，次に②と②′の部分を計算しているのであるが，この暗算法では②の部分を図 3.4 右で示す位置に移動させたと考えればよい．①′と②，②′を先に計算しておき，その後①を加えるというわけである．

　34×39 も同じように計算すると，$(4 + 9 + 30) \times 30 + 4 \times 9 = 1326$ である．

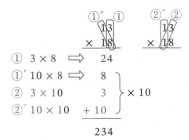

図 3.3　10 の位が同じ数の暗算法

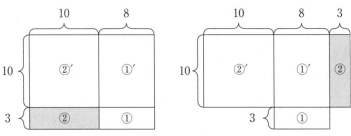

図 3.4　面積で考える

10 の位の数が違ったら，この暗算法は使えないだろうか．少し複雑になるが，同じような考え方をしてみよう．34×26 を考えてみる．この場合は $34 = 20 + 14$，$26 = 20 + 6$ と考えれば，$(14 + 6 + 20) \times 20 + 6 \times 14 = 884$ と計算できる．

100 の位が入るとどうだろうか．基本的には同じである．112×109 であれば，共通なのが 100 であるから，$(12 + 9 + 100) \times 100 + 12 \times 9 = 12208$ である．

132×168 であれば，共通部分の 100 の位を除いた 32 と 68 を加えると 100 になり，一見難しそうに見えるが，この場合も $(100 + 32 + 68) \times 100 + 32 \times 68$ を計算する．32×68 の計算は $30 + 2$ と $30 + 38$ の積と考えれば，$(30 + 2 + 38) \times 30 + 2 \times 38$ を計算すればよい．したがって，$132 \times 168 = 200 \times 100 + 70 \times 30 + 2 \times 38 = 22176$ になる．

このように工夫して切りのよい数字を見つけることができればよいが，これが 1 つずれた 132×167 であったらどうだろうか．132×168 を応用して考えれば簡単に計算できる．$167 = 168 - 1$ であるから，先に 132×168 を計算しておき，132 を引けばよい．したがって，$132 \times 167 = 22176 - 132 = 22044$ となる．

3.2.2　エジプトに伝わる計算手法

この手法は二進法の考え方を使う．35×139 であれば，139 を 2^n の和で表す．139 は $128 + 8 + 2 + 1$ であることから，$35 \times 128 + 35 \times 8 + 35 \times 2 + 35 \times 1 = 4480 + 280 + 70 + 35$ を計算する．この時，2^n の隣にもととなる 35 の倍数を次々に書いていけば記憶する必要もないし（図3.5），25 のような切りのよい数ならばある程度記憶しておける．

図 3.5　エジプトに伝わる計算方法

3.2.3　割り算を単純化

割り算の除数（割る数）と被除数（割られる数）に共通の約数があれば，両方をその約数で割ることができる．例えば，621 ÷ 45 などという割り算は暗算ではしたくないが，621 も 45 も 9 で割り切れるので，(621 ÷ 9) ÷ (45 ÷ 9) = 69 ÷ 5 に帰着できる．ただし，621 ÷ 45 = 13 余り 36 の元の式は，割られる数，割る数と同じように，余りも 9 で割られる．つまり，69 ÷ 5 = 13 余り 4 となる．621 ÷ 45 の商はそのまま 13 を使用してよいが，余りは 4 ではない．

621 = 45 × 13 + 36 の両辺を 9 で割れば 69 = 5 × 13 + 4 となる．したがって，割った数を覚えておき，商はそのまま，余りにはその割った数を最後に掛ければよい．

3.2.4　割り算の余りの計算

2 章で，2 つの整数 x, y があり，整数 p ($p \neq 0$) で割った余りが等しい時，x と y は p を法として合同であるということを学んだ．13 を法とするということは，ある数を 13 で割った余りに着目して考えるということである．そうすると，「『13 の倍数違いの数 = 13 の倍数に同じ数を足したり引いたりしたもの』はすべて 13 を法として合同」といえる．つまり $-1 \equiv 12 \equiv 25 \equiv 38 \equiv 181$ となる．そして，合同式の両辺に同じ

数を足しても，同じ数を引いても，同じ数を掛けても，その合同式は成り立つというルールが存在している（除法は必ずしも成り立たない）．例えば，2 つの合同式 $207 \equiv 38$ を考える．

$$207 = 15 \times 13 + 12$$
$$38 = 2 \times 13 + 12$$

である．2 つの式の両辺に 3 を掛けよう．

$$621 = 45 \times 13 + 36 = 45 \times 13 + 2 \times 13 + 10$$
$$114 = 6 \times 13 + 36 = 6 \times 13 + 2 \times 13 + 10$$

となる．621 を 13 で割った余りも 114 を 13 で割った余りも，36 を 13 で割った余り 10 と同じになることがわかるだろう．

さて，これを利用して例えば $(17 \times 19 \times 23) \div 13$ の余りを計算してみよう．$(17 \times 19 \times 23)$ を計算する必要はないのだ．17，19，23 を 13 で割った余りはそれぞれ 4，6，10 である．したがって，それぞれの項の数をできるだけ小さくするように 13 を足すか引くかしていくと，$17 \times 19 \times 23 \equiv 4 \times 6 \times 10 \equiv 4 \times 6 \times (-3) \equiv -72$ である．この -72 に 13 の倍数を足して正の数にする．$-72 + 13 \times 6 = 6$ が答えである．本当にそうなるか，電卓を使って確かめてほしい．

3.3 計算する器具の前身

3.3.1 そろばん

世界最古の計算器具で，コンピュータの前身ともいえるのは abacus（そろばん）である．そろばんは日本ではなじみの深いものであるが，その歴史は紀元前 2000 年から紀元前 1000 年くらいのメソポタミアの砂そろばんまでさかのぼる．現存する最古のそろばんは，紀元前 400 年頃

の古代ギリシャ・ローマ時代の「サラミスのそろばん」とされている. 畳1畳くらいの大きさの大理石でできていたということだが, 詳細は不明である. そろばんは, ビーズ（玉）の位置が「値」を示す. そろばんは, データを表現すると同時に値を保存することもできたわけである. しかし, 計算を行う手順は人間が操作しなければならない. そろばん自体は, 値を保存することはできても自動計算をする器具ではなかった.

3.3.2 人間計算機

計算を省くための方法としては, そろばんの他に数表というものが古代より存在していた. 単位変換に使われる対応表のようなものである. 毎回計算する手間を省くために考案された. 対数表, 三角関数表, 天文学者が天体の運行を知るための天文表, 航海者が船舶の位置を知るための航海表などがある. 現存する最古の数表は, 3000年以上前にバビロニアで作られたものとされている. 中世以降, 商業や貿易が発達してくると, 多くの数表が作られて印刷されるようになった. 数表を作るための計算は, 多数の人間がそれぞれ「コンピュータ」となって共同作業で行っていた. 1人の人間は簡単な計算だけ行い, その結果を次の人に渡していく. それを100人単位で行えば, 1つの数表ができあがる. しかし, 人間の計算には間違いがつきものであった.

3.3.3 歯車計算機

このような背景のもと, 実用的な計算機械が作られ始める. パスカルやライプニッツ, バベッジなどが発明したのは歯車で動く機械であり, 最初の歯車の位置によって入力が指定され, パスカルやライプニッツの機械では最後の歯車の位置が出力となる. バベッジは, 計算結果をプリントできること, それによって転写エラーが削減できることを予測した.

では，計算をするプロセス（手順）をある程度自動化することはいつ頃からできるようになったのだろうか．パスカルの歯車式加減計算機はその処理ステップが機械そのものに組み込まれていた．ライプニッツの計算機はパスカルの計算機よりもっといろいろな演算ができる計算機であったようだが，やはりその仕組みは機械自体に組み込まれていた．つまり，入力をいろいろ変えて，ある1つの処理を実行することはできたが，計算するプロセス自体を外から指示することはできなかった．

バベッジの階差機関（歯車式の多項式計算機）は，いろいろな計算を実行するように作られた．この計算機は，すべての数列が最終的に単純な「差」で表されることを利用して，複雑な計算を行う機械で，10年の歳月と1万7000ポンド（当時，中流階層の年収が250ポンド）の巨費を使った挙句に破綻したといわれている．一方，彼の解析機関は，パンチカードに打ち込まれた「命令」を読み取れるように設計された．つまり，パスカルやライプニッツの機械が，数値だけしか外から指示することができなかったのに対し，バベッジの計算機は，計算と数値を外から指示して計算手順を自分で判断し，一連の複雑な演算を行うことができたわけである．後に，世界初のプログラマと呼ばれているオーガスタ・エイダ・キング・ラブレス[1]は，いかにバベッジの解析機関がいろいろな計算を実行できるようにプログラムされているかということを論文で論じている．

3.4　コンピュータにとっての計算とは

計算といえばまず四則演算を思いつくが，コンピュータにとっての計算とは何であろうか．computer はラテン語の computare という言葉に由来しており，語源としては com（共に）+ putare（考える）という意味をもっている．もちろん，コンピュータは自分で考えるのではなく，人間

---

[1] —— プログラム言語 Ada は彼女の栄誉をたたえて命名された．父は詩人のジョージ・ゴードン・ノエル・バイロン卿．

からの入力に基づき「決められたある手順に従って」黙々と計算を行う．

1936 年にアラン・チューリングによって「計算とは何か」ということが定式化された．チューリングの考案した**チューリング・マシン**は理論上の仮想機械であるが，現在のコンピュータを完璧に説明している．その後作られたコンピュータは，すべてチューリング・マシンを実装したものである．

チューリング・マシンは，人間が計算を行う時に紙と鉛筆を使うことをイメージして作られた．四則演算ではない例として，0 と 1 を交互に書いていくという動作（0 を書いたら次に 1 を書き，その次は 0 を書くという動作）を考えよう．こうした動作は人間であれば何気なく行うことができるが，機械にさせようとしたらどうしたらいいだろうか．

　① 0 を書いた後は 1 を書く．
　② 1 を書いた後は 0 を書く．

この 2 つの決められた手順があると考えればよい．絵にしてみると図 3.6 のとおりである．この楕円で表されているものは状態と呼ばれる．

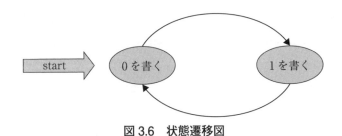

図 3.6　状態遷移図

図 3.6 は，「0 を書く」という状態から出発して，その後は「1 を書く」という状態へ移り，「1 を書く」という状態の後は，「0 を書く」という状態へ移ることを意味している．このように何らかの手順を示している

図を**状態遷移図**という．

　チューリングは図 3.7 に示すような状態遷移をする機械を考えた．人間が使う計算用紙に相当するものをチューリング・マシンでは「テープ」として表す．チューリング・マシンのテープは，図 3.7 のようにマス目に区切られていて 1 マスに 1 文字書くことができる．書き込まれていない部分は空白である．人間に相当する，いくつかの状態を取ることができる機械が灰色の部分であり，これがチューリング・マシンの本体である．チューリング・マシンは常に「ある状態」をもっており，その「状態」はチューリング・マシンに備え付けられている「ルール表」に従って変化していく．チューリング・マシンは，「状態」と「テープから読み取った文字（記号）」によって，次の動作をルール表から選ぶ．チューリングはこのように，コンピュータの計算とは「ある状態が外からの刺激によって変化し，別の状態に変わること」と定義した．

　外からの刺激とは「テープから読み取った文字」を表しており，テープから読み取るために「ヘッド」と呼ばれるものが存在する．ヘッドが指し示すテープのマス目に書かれた文字を読み取ってチューリング・マシンに送ると，それが刺激となってチューリング・マシンの状態が変わる．読み書きはヘッドが指すマス目に限る．ヘッドは移動できるが，一度にマス目を 1 つだけ右か左に移動するか，移動しないかのいずれかを選択する．

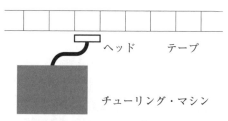

図 3.7　チューリング・マシン

先ほどの状態遷移図（図 3.6）を，チューリング・マシンが動きやすいように書き換えたものが図 3.8 である．

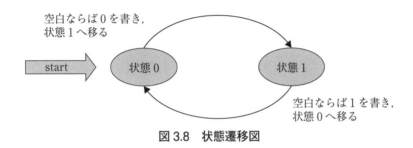

図 3.8　状態遷移図

図 3.6 では，状態の部分に「0 を書く」などと書かれていたが，チューリング・マシンでは，状態 0 の時に，テープから空白を読み取ると 0 を書き，次の状態 1 に変化する．状態 1 の時には，テープから空白を読み取ると 1 を書き，次の状態 0 に変化する．テープには空白以外の文字は書かれていないものとする．ここで気をつけたいのは，テープから読み取る文字が同じであっても，その時の状態が違うと，書き込む文字が違うということである．チューリング・マシンは，**現在の状態**と，**テープから読み取る文字**の各組み合わせに対して，
- テープに書き込む文字（同じ文字を書けば無変化）
- （文字を書いた後に）ヘッドを左右のどちらに動かすか，動かさないか（R を右，L を左，N を動かないとする）
- 次の状態

という動作を定義する．つまり，
- 現在の状態
- テープから読み取る文字
- テープに書き込む文字

- ヘッドをどこに動かすか
- 次の状態

という5つの組み合わせでチューリング・マシンのルール表が作られる．読み書きする文字を空白（＿），0，1とおき，テープに書き込む命令をPの後に文字を書く（P1であれば1を書き込む）と定義すると，このチューリング・マシンのルール表は以下のように書ける．

① 状態 0, ＿, P0, R, 状態 1
② 状態 1, ＿, P1, R, 状態 0

このルールに従ってチューリング・マシンの動きを追ってみよう．初期状態を状態 0 とし，テープはすべて空白の状態とする．最初は状態 0 であるので，①のルールを実行しよう．すなわち，ヘッドが指すマスが空白であったら，0を書き込み，ヘッドを右へ進め，状態1へ変化する．これを図にすると，図 3.9 のようになる．

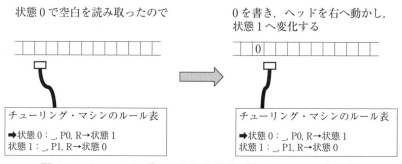

図 3.9　チューリング・マシンの動作（①のルールの適用時）

次に，状態 1 の時に空白を読み取ったので，1を書き込み，ヘッドを右に動かし，状態 0 に変更する．これを図にすると，図 3.10 のようになる．

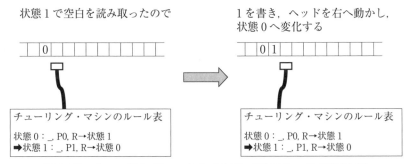

図 3.10 チューリング・マシンの動作（②のルールの適用時）

　この動作をずっと繰り返す．このように，チューリング・マシンはテープから読み取った記号に基づき「決められたある手順に従って」計算を行う．計算というと四則演算を思い浮かべるが，コンピュータの計算というのは，「ある状態が外からの刺激によって変化し，別の状態に変わること」である．外からの刺激とは，チューリング・マシンが読み取る記号のことであり，これがチューリング・マシンへの入力となる．

　ここで説明したチューリング・マシンは1つの計算を行うマシンであり，現在のコンピュータの基礎理論はもう少し複雑になるが，本書では詳しく扱わない．興味のある人は参考文献などを参照されたい．

演習課題

[3.1] 本章で紹介したいろいろな計算法の中で適切な方法を使って以下の計算を暗算しなさい．割り算は余りも出す．暗算の過程を書くこと．

(1) 13×14 (2) 24×25 (3) 38×34

(4) 76×74 (5) 81×89 (6) 115×125

(7) 207×213　　　(8) $861 \div 123$　　　(9) $552 \div 24$

(10) $638 \div 121$　　　(11) $752 \div 256$　　　(12) $2091 \div 34$

(13) 10^{10} を 11 で割った余りを求めなさい.

(14) 5^{20} を 7 で割った余りを求めなさい.

(15) 123^9 を 12 で割った余りを求めなさい.

[3.2] 0 と 1 を交互に書くチューリング・マシンは何を計算しているのか，01010101…… の前に小数点を入れた 0.01010101…… が二進法で何を表すかで考えてみよ.

参考文献

[1] アーサー・ベンジャミン，マイケル・シャーマー『暗算の達人』岩谷宏・訳，ソフトバンククリエイティブ株式会社，2011 年

[2] 栗田哲也『暗算力を身につける』PHP 研究所，2010 年

[3] J. Glenn Brookshear, *Computer Science An Overview (10th ed.)*, Addison Wesley, 2008

[4] 高岡詠子『チューリングの計算理論入門』講談社ブルーバックス，2014 年

[5] Andrew Hodges, *ALAN TURING: The Enigma VINTAGE*, Vintage edition, 1992（邦訳:『エニグマ アラン・チューリング伝（上・下）』土屋俊・他訳，勁草書房，2015 年）

[6] チャールズ・ペゾルド『チューリングを読む』井田哲雄・他訳，日経 BP 社，2012 年

[7] ジョージ・ダイソン『チューリングの大聖堂』吉田三知代・訳，早川書房，2013 年

4 | 絵と音を計算する

高岡　詠子

《目標＆ポイント》　コンピュータは文章や数値データだけでなく，画像や音声，動画を表現することもできる．本章では，私たちが普通に接している画像や音声がコンピュータ上でどう表現されているか，そして計算によってどのように変化していくかについて学ぶ．アナログな情報をディジタル化する方法や，その限界についても触れる．
《キーワード》　音声や画像の表現，標本化，量子化，符号化，ビットマップ，ベクタ，色変換，アナログ・ディジタル変換

4.1　音声情報の表し方

　音声はコンピュータの中でどう表現されているのだろうか．音は波である．空気が振動して，その振動（音波）が耳に伝わるのである．この音波を電圧の高低に変えて CD などに記録する．振動を電気信号に変える装置がマイクロホンである．大きな音ほど振幅が大きく，発生する電圧も高い．電圧の変化である電気信号を，磁気の変化に変えて録音するのがアナログ録音である．カセットテープなどはアナログ録音である．これに対し，CD，DVD などに録音するのはディジタル録音と呼ばれ，電気信号を 0 と 1 の数値に変換して録音する．

　もともと音はアナログ波形である．横軸を時間，縦軸を波形の振幅とすれば，図 4.1 のような形に表される．**振幅**とは，波の高さのことである．強さと考えてもよい．1 秒間に繰り返される波の回数が**周波数**で，単位はヘルツ（Hz）である．1 個の波が伝わる時間を**周期**といい，単位は秒

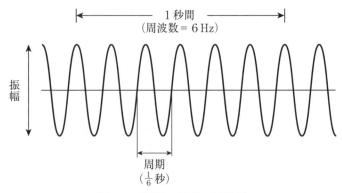

図 4.1　振幅，周期，周波数

(s) である．図 4.1 の波形でいうと，1 秒間に 6 回波が繰り返されるので周波数は 6 Hz になる．周期は $\frac{1}{6}$ 秒である．周波数が高くなると，1 秒間に繰り返される波の回数が多くなるので周期は短くなる．1 秒間に送れる波の回数が多いと，送られる情報量も多くなる．

アナログ音をディジタルに変換するには，図 4.2 に示すように，**標本化，量子化，符号化**という変換過程を経る．これ以降，これらについて詳しく説明する．

図 4.2　標本化，量子化，符号化

4.1.1　標本化

図 4.3 に示すように，元の波形を一定の時間間隔で区切っていく．このように一定間隔で区切ることを**標本化（サンプリング）**と呼ぶ．区切

る間隔のことを標本化周期（サンプリング周期），1秒間に何回標本化するかを示したものを**標本化周波数（サンプリング周波数）**と呼ぶ．標本化周期が短ければ短いほど，つまり，標本化周波数が大きければ大きいほど，元のアナログ波形を忠実に再現できる．その分，ディジタル化した数値で表される量は多くなる．

ちなみに，音として人間が認識できる振動周波数のうち最も感度がよいのは約 4 kHz（1 秒間に 4000 回の波）といわれている．標本化定理によれば，再現したい波の 2 倍の周波数である 8 kHz（125 マイクロ秒に 1 回の送信）で標本化を行うことで，確実に元の音を再現することが可能となる．電話通信の標本化周波数が 8 kHz なのはこれが理由である．

人間の聞き取れる周波数は通常 20 kHz くらいまでといわれている．再現したい波がこれぐらいであるとすれば，その 2 倍の 40 kHz 程度が CD の標本化周波数としてちょうどよい．実際はフィルタ処理等が行われているため，CD の標本化周波数は 44.1 kHz となっている．

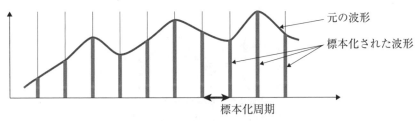

図 4.3　音の処理（標本化）

4.1.2　量子化

図 4.4 に示すように，標本化された波形を離散的な値に変換する操作を**量子化**と呼ぶ．簡単にいえば，振幅の値を整数値にするのである．図 4.5 に一部を拡大して示した．この図より，量子化する前の値と量子化

した後の値に差が生じていることがわかる．この例では8段階で表すので，0から7のうち一番近い値に近似されるために誤差が起こる．これを**量子化誤差**と呼ぶ．データを何ビットの数値で表現するかを表したものを**量子化ビット数**と呼ぶ．図の例では8段階なので，量子化ビット数は3ビットになる．量子化ビット数を大きくとればとるほど，元の数値と近い値が得られるが，それだけ情報量は多くなっていく．CDの量子化ビット数は16ビット（2の16乗＝65536段階）である．

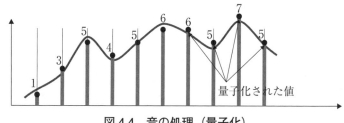

図 4.4　音の処理（量子化）

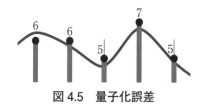

図 4.5　量子化誤差

4.1.3　符号化

量子化で得られた数値は整数や有限の小数なので，これを二進法で表す（0と1で表現する）作業が必要になる．これを**符号化**と呼ぶ．この二進法で表した数値を高低2種類の電圧に置き換えたり，CDではピットと呼ばれるくぼみの有無で記録する．量子化のレベルによって必要な

符号数が決まる.

では，実際に CD の音質で録音した情報が 1 秒当たり何 K バイトになるか，10 分間で何 K バイトになるかを計算してみよう.

① 1 秒間の標本化回数：44100 回

② 1 回の標本化で数値にしたデータを何ビットの数値で表現するか（量子化ビット数：16 ビット = 2 バイト）

③ 1 秒間の標本化で必要な情報量

①，②より，1 秒間の標本化で必要な情報は

$$2（バイト）× 44100 = 88200（バイト）$$

となる. 1 K バイトを 1024 バイトとすると，$88200 ÷ 1024 ≒ 86$ K バイトである.

④ 10 分間の標本化で必要な情報量

$$86 K（バイト）× 10（分）× 60（秒）= 51600 K（バイト）$$

1 M バイトを 1024 K バイトとすると，$51600 ÷ 1024 ≒ 50$ M バイトである.

CD でよく 2 チャンネルといわれるのはステレオ録音のことである. この場合，量子化ビット数は 16 ビットの 2 倍の 32 ビットとなるので，10 分間の標本化で必要な情報量はこの 2 倍，つまり 100 M バイトになる. 通常アルバム 1 枚は 60 分前後であるから，大体この 6 倍の 600 M バイトとなり，CD1 枚当たりに録音できる 700 M バイトに近い値となることがわかる.

4.2 コンピュータ上の画像情報

4.2.1 ビットマップ技術とベクタ技術

コンピュータ上で画像を表現する技術は大きく分けてビットマップ技術，ベクタ技術の 2 つがある. それぞれについて見てみよう.

ビットマップ技術では，ピクセル（画素，pixel，Picture Element）と呼ばれる小さな点の集まりを用いて画像を表現している．このピクセルは画像を表現する最小単位である．

図 4.6(a) にモノクロ画像のイメージを示す．このような画像情報を FAX などで送る場合を非常に簡素化して考えてみよう．FAX の濃淡情報を認識する光センサでは，黒い部分を 1，白い部分を 0 に置き換えていく．図 4.6(b) に 1 行目を切り出したものを示す．横は全部で 20 ビットなので，図 4.6(c) のようになる．

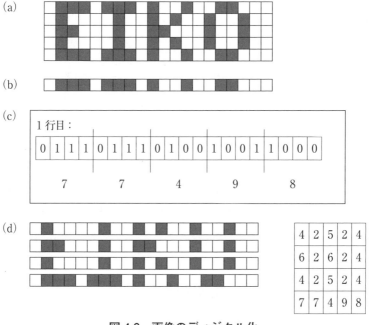

図 4.6　画像のディジタル化

さて，コンピュータ内部では白と黒を2値で表すだけであるが，2値データを桁数を減らした数字で表すために，これを2章で学んだように，4ビットずつに区切って十六進法で表してみると，図4.6(c)に示すように77498$_{(16)}$と表せる．同じように2〜5行目も十六進法で書かれた数に変換してみると，図4.6(d)の右の表のようになる．試してみてほしい．

実際に画像をディジタル化するには，ピクセルの濃淡情報を一定の距離間隔で読み取って数値化する．図4.6の絵のようにもともとは1ピクセルに1ビットを割り当て，白と黒の2段階で表していた．さらに，白から黒までを何段階かの灰色で表す画像をグレースケールという．グレースケールは1ピクセルを8ビットで表現することが多い．

ビットマップ技術を使った場合，画像の質を保ったまま任意のサイズに拡大／縮小するのが難しい．これは，ビットマップ技術での拡大はピクセルを拡大するしかないので，肌理（きめ）が粗い，いわゆる「ボケ」が生じる．カメラでいうディジタル・ズーム（Digital Zoom）に相当する．ディジタル・ズームは撮影する撮像素子に光が取り込まれた後，画像の一部を切り取って（トリミング）拡大しており，画質は劣化する．ビットマップ技術のこの問題を解決する技術がベクタ技術である．

ベクタ技術では，画像を表すデータには，図形を構成する線や曲線の位置や長さが記録されており，これらに色や線の付帯情報が加えられる．モニタに表示したり，プリンタに印刷したりする際には，それらの機器がピクセルのパターンを再構築して表示するのではなく，その都度計算を行って画像を作る．したがって，図形としての情報の変化や損失なしに出力が可能となる．拡大や縮小によって画像の精度が損なわれることもない．しかし，描画するたびに計算を行うので，複雑な色情報をもった画像には不向きである．カメラでいう光学ズーム（Optical Zoom）に当たる．光学ズームはカメラのレンズを前後させることで，焦点距離が

変化して写る範囲が変わるので，画質の劣化がほとんどない．

　ビットマップ技術とベクタ技術の向き不向きを見てみよう．ベクタ技術は，線や面の輪郭がはっきりした，人工的な画像（イラストや図面など）を作成する場合に適している．それに対し，写真や自然画などを表現するにはビットマップ技術が適しているだろう．

4.2.2　カラー画像の表し方

　カラー画像は，ピクセルの色成分の強さによって表現する．光の三原色である R（赤），G（緑），B（青）を使って色を作る方法（**RGB 方式**）と，C（シアン），M（マゼンタ），Y（黄色）を使う方法（**CMY 方式**）がある。

　RGB を使った手法は**加法混色**（Additive Mixture of Color）と呼ばれる．この手法は，光を加えるごとに，元の色よりも明るくなる現象を利用した手法である．コンピュータディスプレイやカラーテレビに使われている表示方法である．モニタは発光しているので，RGB をすべて混ぜると白になる．RG を混ぜると Y（黄色），GB を混ぜると C（シアン），RB を混ぜると M(マゼンタ)となる．今は，1 ピクセル当たり 8 〜 48 ビットを割り当てることで様々な色を表すことが可能である．表 4.1 にピクセル当たりのビット数と混色の仕方，表現できる**色数**（**色階調**）を示す．

表 4.1　ピクセル当たりのビット数と混色の仕方，表現できる色数

ピクセル当たりの ビット数	混色の仕方	表現できる色数
48	赤緑青をそれぞれ 65,536 階調 （16 ビット）	281,474,976,710,656 （約 281 兆）
24 フルカラー （Full Color）	赤緑青をそれぞれ 256 階調 （8 ビット）	16,777,216
16	赤と青をそれぞれ 32 階調 （5 ビット） 緑を 64 階調（6 ビット）	65,536
8	フルカラーから抜き出した色	256

この手法によって表された色は，ハードウェアの機種によって画面でどのように表示されるかが大きく変わる．したがって，厳密な色を指定するのには適さない．

一方，CMY を使った手法は**減法混色**（Subtractive Mixture of Color）と呼ばれる．この手法は色を混ぜることによって明るさが減少する現象を利用した手法である．カラー印刷に使われている表示手法で，CMYを使って様々な色を表現する．CMY をすべて混ぜると理論上は黒になるが，カラー印刷する場合，CMY だけでは純粋な黒を完全に再現できないため，黒を印刷する時は黒インク用の版（キープレート：Key Plate, K）を加える（CMYK 方式）．CM で青, MY で赤, YC で緑になる．RGB 同様，やはりハードウェアの機種により表示される色に差があるため，厳密な色を指定するのには適さない．色を厳密に定義するには，色相，彩度，明度という色の三要素を使う手法を用いる．

カラーディスプレイ，プリンタなど，様々なデバイスに画像を表示させるには，用途やアプリケーションによって適切な方式を使うべきである．出版物の色を表現する際には一般的に CMYK 方式が採用されており，RGB データで記録された写真などを鮮明に印刷するのは想像以上に難しい．ここでは最も簡単な RGB ⇔ CMY，RGB ⇔ CMYK の変換について紹介しよう．

4.2.3 色変換

（1）RGB ⇔ CMY

R と C，G と M，B と Y は補色関係にあるので，RGB から CMY，CMY から RGB への変換式は下記のとおりである．

RGB ⇒ CMY

$$C = 1.0 - R$$
$$M = 1.0 - G$$
$$Y = 1.0 - B$$

CMY ⇒ RGB

$$R = 1.0 - C$$
$$G = 1.0 - M$$
$$B = 1.0 - Y$$

(2) RGB ⇔ CMYK

RGB から CMYK，CMYK から RGB への変換式は次のとおりである．

RGB ⇒ CMYK

CMYK ⇒ RGB

$$C = (1 - R - K) / (1 - K)$$
$$M = (1 - G - K) / (1 - K)$$
$$Y = (1 - B - K) / (1 - K)$$
$$K = \min (1 - R, 1 - G, 1 - B)$$

$$R = 1 - \min (1, C \times (1 - K) + K)$$
$$G = 1 - \min (1, M \times (1 - K) + K)$$
$$B = 1 - \min (1, Y \times (1 - K) + K)$$

例えば，RGB にはそれぞれ 256 階調（0 ～ 255），CMYK にはそれぞれ 0 ～ 100 ％を指定することができる．RGB は 0 ～ 255 の範囲を 0 ～ 1 に対応させ，CMYK や CMY は 0 ～ 100 ％の範囲を 0 ～ 1 に対応させている．例として，R = 255，G = 51，B = 204 と表される色が CMY や CMYK だとどのように表されるかを計算してみよう．

CMY へ変換してみる．RGB で与えられている数値 0 ～ 255 を 0 ～ 1 の範囲の値に対応させるため，最大値 255 を 100 ％として考える．R, G, B の各数値を 255 で割ることによって，割合を出すことができる．例えば R = 255，G = 51，B = 204 の場合，割合はそれぞれ 1（100 ％），0.2（20 ％），0.8（80 ％）となる．すると，C = 1.0 - 1 = 0, M = 1.0 - 0.2 = 0.8, Y = 1.0 - 0.8 = 0.2 のようになる．

CMYK への変換はどうだろうか．変換の基礎は K であるため，K を最初に計算する．min とは（）の中のカンマで区切られた 3 つの引数のうち最小の値を取り出すという意味の命令である．最小は 1 - 255/255 = 0 となる．

$$K = \min (0, 0.8, 0.2) = 0$$

これに従って計算すると，やはり C = 0，M = 0.8，Y = 0.2 となる．

第4章　絵と音を計算する　｜　**63**

　論理的にはこのように計算が行われる．前述したとおり，CMY をすべて混ぜると理論上は黒になるが，実際は濃い茶色になるので黒を印刷する時は黒を加える．すべてのアプリケーションで同じような計算が行われているわけではなく，実際はアプリケーションによってこれらの式を基本としたもう少し複雑な変換式を用いている．

　今度は，C ＝ 62 ％，M ＝ 18 ％，Y ＝ 35 ％，K ＝ 12 ％を RGB に変換してみよう．C, M, Y, K の値により，$R = 1 - \min(1, C \times (1 - K) + K) = 1 - \min(1, 0.62 \times (1 - 0.12) + 0.12) \fallingdotseq 0.33$ となる．ここで R の最大値 255 を 100 ％として考える．R の値が 33 ％ということは，255 を 100 ％と考えた場合の 33 ％の値を出せばよいことになるので，255 × 0.33 を計算すればよい．厳密に $255 \times (1 - (0.62 \times 0.88 + 0.12))$ を計算すると 85.27 となるので，四捨五入で 85 という結果が出る．G, B についても同様に計算できる．

4.3　アナログ・ディジタル変換

　画像や音声はもともとアナログの情報であるが，コンピュータで扱うためにディジタル情報に変換する手法を学んできた．ここでは，ディジタル情報とアナログ情報の変換を体験してみよう．

(1)　手順 1
　A4 サイズの紙を 1 枚用意する．図 4.7 左に示すように，縦に 4 等分してそれぞれに A, B, C, D と自分の名前を書き，紙を横に一度折る．D は予備となる．

(2)　手順 2
　A の折り目上に，どこでもいいので直径 3 ミリメートルくらいの点を

書く（図 4.7 右）．

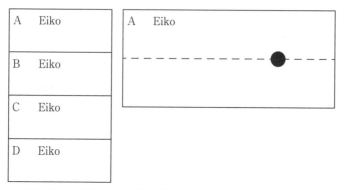

図 4.7　A4 サイズの紙を縦に 4 等分して A の紙へ記入

(3) 手順 3

2 人一組になって，それぞれの紙を相手の人から 5 メートル以上離れた場所で見せ合う．それぞれの B の紙に，相手の点の位置を目測で書き写す．

(4) 手順 4

A の紙に書いたアナログ情報（点の位置）をディジタル変換する．半分に紙を折って，点が折れ線の右側にあれば 1 を，左側にあれば 0 を書く（図 4.8 上）．

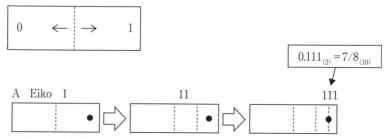

図 4.8　A の紙を半分に折る操作を繰り返し，点の位置に応じて 0 か 1 を記入

第 4 章　絵と音を計算する　│　**65**

　図 4.7 右の A の紙の場合，点は折れ線の右にあるので 1 を書く（図 4.8
下）．その後，点のある側をまた半分に折って，これを繰り返す．次も
折れ線の右に点があるので，1 の後ろに 1 をまた書く．3 回目は，折れ
線の真上に点が来ている．折れ線の真上に点が来た場合には 1 を書いて
止める．したがってこの場合は，111 とディジタル化できる．これは何
を意味しているかといえば，導出された 1 と 0 の並びは，紙のどの位置
に点があるかを二進法で示している．111 は小数点以下を示しているの
で，二進法の 0.111 が十進法でいくつか考えてほしい．2 章で学んだと
おり，これは $\frac{7}{8}$ である．紙を見ると，左端を 0，右端を 1 とするならば，
ちょうどこの点の位置は紙の $\frac{7}{8}$ の位置にあるということになる．手順
4 では自分の A の紙に書いたアナログ情報をディジタル変換したことに
なる．

(5) 手順 5

　次に手順 4 で導出した，ディジタル変換した値のみを C の紙に書い
て，相手に渡す．相手からも C の紙をもらう．渡された紙に書かれた，
ディジタル変換された値をもとに，手順 4 と同じ手法で読み取って点の
位置を定める．手順 5 では，相手の A の紙に書かれたアナログ情報が
ディジタル変換された情報を，逆にアナログ情報に戻すという操作を
行っている．

(6) 手順 6

　A の紙も相手と交換する．手順 5 では，相手からもらった，手順 4 で
ディジタル化した情報をアナログ化して C に記載した．手順 3 にて，A
の紙に記された相手の点の位置を目測したアナログ情報が B である．A
と B，A と C の点の位置を比較してみよう（図 4.9）．理論的には A と

Cの点の位置はほぼ一致するはずである．一方，AとBの点の位置には多少のズレが生じるであろう．アナログをディジタル情報に変換した結果をアナログ情報に戻す時にはほぼ一致して戻すことができる．アナログ情報をアナログ情報として記録するよりも正確であることが体験できる．

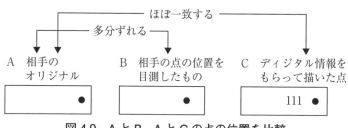

図4.9　AとB，AとCの点の位置を比較

　本章では，私たちが普通に接している画像や音声がコンピュータ上でどう表現されているか，さらに，色変換を例に挙げて，色情報が計算によって変換されることを学んだ．アナログ情報とディジタル情報の変換を体験することも行った．

演習課題

［4.1］FAXで送った文字が下記のようになっている．これらを十六進法のコードで表現した場合，どのように表されるか．

(1)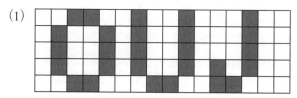

[4.2] 十六進法で表された下記のコードを FAX で送った．メッセージを解読しなさい．すべてアルファベットである．

(1)   (2)   (3)

4 A 3 8   7 B 9 C   9 7 4 4 6

6 A 1 0   4 A 5 0   9 4 4 4 9

7 A 1 0   4 2 5 6   F 6 4 4 9

5 A 1 0   4 A 5 2   9 4 4 4 9

4 B 9 0   7 B 9 E   9 7 7 7 6

[4.3] $C = 32\%$, $M = 11\%$, $Y = 15\%$, $K = 4\%$ を RGB に変換しなさい．小数点以下は四捨五入しなさい．

[4.4] 1 秒間の標本化回数を 8000 回，量子化ビット数を 16 ビットとした場合の 10 分間の標本化で必要な情報量を求めなさい．四捨五入して小数点第 1 位まで求めなさい．

5 | 確率と情報量

高岡　詠子

《**目標＆ポイント**》　本章では，集合の定義や確率の計算を学ぶ．集合や確率の考え方を利用した定理の証明や，条件付き確率を利用した分析，モンテカルロ法，情報をどう計算するかを定義した，シャノンによる情報量の定義と計算方法について説明する．

《**キーワード**》　集合，確率，モンティ・ホール問題，モンテカルロ法，情報エントロピー，圧縮

5.1　集合と類別

　範囲のはっきりした数学的対象（Object）の集まりを**集合**（Set）という．それらの対象のことを集合の**元**とか**要素**（Element）などという．表 5.1 に示すように，集合の記法は大きく次の 2 つのどちらかを用いる．

表 5.1　集合の記法

外延的（Extentional）	内包的（Comprehensional, Internal）
$S = \{1, 3, 5\}$	$S = \{x \mid x \geq 1\}$
$S = \{x, x^2, x^3, \cdots\}$	$S = \{(t, s) \mid t + s = 1\}$

5.1.1　同じ集合

　与えられた 2 つの集合 S, T について，$S = T$ であるとは，「S のどの元 s も T の元であり，T のどの元 t も S の元である」が成立していること，すなわち

$$\forall x\,(x \in S \Longleftrightarrow x \in T)$$

が成立していることとする.

したがって，集合はどの種類の元をもっているかということだけが問題になり，同じ元を複数もっていても，1つしかもっていなくても同じ集合と扱われる．例えば，

$$\{\,1,1,2,3,4,2\,\} = \{\,1,2,3,4,2\,\} = \{\,1,2,3,4\,\}$$

となる.

(1) 真理集合

命題（条件）$P(x)$ が与えられたときに，$P(x)$ を成立させるような x の集まりを命題 $P(x)$ の**真理集合**という．すなわち,

$$\text{命題 } P(x) \text{ の真理集合は,} \quad S = \{\,x \mid P(x)\,\}$$

となる.

(2) 積集合と和集合（図 5.1）

2つの集合 A, B がある.

- A と B の**積集合**を，次の式で定める.

$$A \cap B = \{\,x \mid x \in A \text{ かつ } x \in B\,\}$$

- A と B の**和集合**を，次の式で定める.

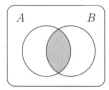 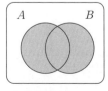

図 5.1　積集合 $A \cap B$ と和集合 $A \cup B$

$$A \cup B = \{ x \mid x \in A \text{ あるいは } x \in B \}$$

(3) 補集合と全体集合

集合 A がある．このとき，A に含まれない要素からなる集合を，A の**補集合**といい，$\overline{A}$ や A^{c} で表す．

$$\overline{A} = \{ x \mid x \notin A \}$$

補集合を考える時は，そもそも，全体集合 U としてどのようなものを考えていたかを明確にしておく必要がある．例えば，「偶数の集合の補集合は，奇数の集合である」とするなら，その時の**全体集合** U は「整数」であることが暗黙の前提であり，U を有理数と考えることはない．

5.2 集合概念を利用した証明

ここでは，2 つの有名な定理を，集合概念を利用して証明する．

5.2.1 中国人剰余定理

中国人剰余定理（Chinese Remainder Theorem）[1] とは，以下のものである．

---

a, b は互いに素な整数である時，$ax + by = 1$ を満たす整数 x, y が必ず存在する．

これは，次のようにして証明でき，また，この条件に合う数を求める手順もこれでわかる．

★1 —— 中国式剰余定理と呼ぶこともある．

1）$1 - ak$ を b で割った時の余りを r_k とする（ただし，$0 \leq k < b$）．すなわち，

$$r_k \equiv 1 - ak \pmod{b}$$

この時，$r_0, r_1, \cdots, r_{b-1}$ はすべて異なり，全体として 0 から $b-1$ までのすべての整数となる．

$$\{ r_0, r_1, \cdots, r_{b-1} \} = \{ 0, 1, \cdots, b-1 \}$$

2）ゆえに，$r_x = 0$ となる x を用いると，$1 - ax$ は b で割り切れることから，

$$y = \frac{1 - ax}{b}$$

とすればよい．

実際に計算してみよう．

例として，$11x - 7y = 1$ を満たす整数 x, y を求める．$7y = 11x - 1$ である．そこで，$r_k = ((11k - 1)$ を $b = 7$ で割った余り$)$ とすると，次の計算ができる．

k	0	1	2	3	4	5	6
$11k - 1$	-1	10	21	32	43	54	65
r_k	6	3	0	4	1	5	2

したがって，$k = 2$ の時，$r_k = 0$ となる．よって，$x = 2$ となり，$y = 3$ とわかる．

前述した 1），2）の詳細な証明は以下のとおりである．

1）定義より $0 \leq r_k \leq b-1$ であるから，$r_0, r_1, \cdots, r_{b-1}$ がすべて異なる

ことを示せばよい. そこで, $0 \leq k \leq k' \leq b-1$ に対して,

$$r_k = r_{k'} \Longrightarrow k = k'$$

を示せば, 対偶をとって,

$$k \neq k' \Longrightarrow r_k \neq r_{k'}$$

を示したことになる.

$$1 - ak \equiv r_k \pmod{b},$$
$$1 - ak' \equiv r_{k'} \pmod{b}$$

であるから,

$$r_k = r_{k'} \Longleftrightarrow 1 - ak \equiv 1 - ak' \pmod{b}$$
$$\Longleftrightarrow ak' - ak \equiv 0 \pmod{b}$$
$$\Longleftrightarrow a\,(k'-k) \equiv 0 \pmod{b} \cdots (*)$$

となる. a と b は互いに素であるから,

$$(*) \Longleftrightarrow k' - k \equiv 0 \pmod{b}$$

すなわち $k'-k$ は b の倍数である. $0 \leq k \leq k' < b$ より $0 \leq k'-k < b$ であるので, $k'-k=0$ でなくてはならない. したがって, $k'=k$ である.

2) 1)より, $r_x = 0$ となる x が存在するので, その x をとると

$$1 - ax \equiv 0 \pmod{b}$$

が成り立つ. この時,

$$1 - ax = by$$

なる整数 y が存在する.

5.2.2 フェルマーの小定理
フェルマーの小定理とは，以下のものである．

p を素数とする．a は p で割り切れない時，$a^{p-1} \equiv 1 \pmod{p}$ が成り
立つ．

以下では，次のステップで，フェルマーの小定理を証明していく．

1) $0 \leq k \leq p-1$ なる k を用いて，ak を p で割った時の余りを r_k と
する（ただし，$0 \leq r_k < p$）．この時，$r_0, r_1, \cdots, r_{p-1}$ はすべて異なり，
全体として 0 から $p-1$ までのすべての整数となる．
2) $a^{p-1}(p-1)!$ を p で割った時の余りは，$(p-1)!$ を p で割った
時の余りに等しい．
3) a^{p-1} を p で割った時の余りは，1 に等しい．

では，証明を見てみよう．
1) 2) まず，剰余の定義より，$0 \leq k \leq p-1$ の時，$0 \leq r_k \leq p-1$ が成
り立つ．
- 今，$k \leq k'$ なる k, k' に対して，$r_{k'} = r_k$ であるとする．
  - この時，$ak' - ak \equiv 0 \pmod{p}$ が成り立つ．
  - p は素数であり，a は p で割り切れないことから，$k' - k \equiv 0 \pmod{p}$
    となる．
  - $0 \leq k \leq k' < p$ より $0 \leq k' - k < p$ であるので，$k' - k = 0$, す
    なわち $k' = k$ となる．

- よって，$r_{k'} = r_k \Longrightarrow k' = k$ であるから，$k' \neq k \Longrightarrow r_{k'} \neq r_k$ である．

よって，$r_0, r_1, \cdots, r_{p-1}$ はすべて異なり，全体として 0 から $p-1$ までのすべての整数となる．

$$\{\, r_0, r_1, \cdots, r_{p-1} \,\} = \{\, 0, 1, \cdots, p-1 \,\}$$

- $k = 0$ の時は，$r_0 = (0$ を p で割った剰余$)$ なので，$r_0 = 0$ である．よって，$1 \leq k \leq p-1$ の時，$1 \leq r_k \leq p-1$ が成り立つ．

$$\{\, r_1, r_2, \cdots, r_{p-1} \,\} = \{\, 1, 2, \cdots, p-1 \,\}$$

- 一方，$ak \equiv r_k \,(\mathrm{mod}\, p)$ より，

$$a \times 2a \times 3a \times \cdots \times a\,(p-1) \equiv r_1 \times r_2 \times r_3 \times \cdots \times r_{p-1} \,(\mathrm{mod}\, p)$$

が成り立つ．

- よって，

$$a^{p-1}\,(p-1)! \equiv r_1 \times r_2 \times r_3 \times \cdots \times r_{p-1} \,(\mathrm{mod}\, p)$$
$$\equiv (p-1)!\,(\mathrm{mod}\, p)$$

が成り立つ．

3) これまでに述べたことから，

$$a^{p-1}\,(p-1)! \equiv (p-1)!\,(\mathrm{mod}\, p)$$
$$よって，\ a^{p-1}\,(p-1)! - (p-1)! \equiv 0\,(\mathrm{mod}\, p)$$
$$よって，\ (a^{p-1}-1)\,(p-1)! \equiv 0\,(\mathrm{mod}\, p)$$

であるが，p は素数なので，$(p-1)!$ と p は互いに素である．よって，

$$(a^{p-1}-1) \equiv 0\,(\mathrm{mod}\, p)$$
$$a^{p-1} \equiv 1\,(\mathrm{mod}\, p)$$

となる.

5.3 確率の考え方

5.3.1 確率の意味

私たちは日常会話で確率という言葉をいくつかの意味で使っている.

数学では,その事象がまだ起こっていない状態で,起こり得る可能性があるかを数値的に表現したものを確率と呼ぶ.例えば,「精密にできたサイコロは,それを振る前に1が出る確率は$\frac{1}{6}$である」というように確率という言葉を使う.

一方,日常語では,すでに事象が起こった後に計算することによって得られる,起こり得る可能性があるかを数値的に表現したものを確率と呼ぶことがある.例えば,野球選手の打率とは,その選手がシーズン開幕時から現在までに打った安打数を,それまでの死球などを除いた打席数で割った数値である.これを「これまでの打席における安打確率」と呼ぶことがある.しかし,これは数学でいう確率とは異なる.

統計学の用語では,すでに現れたデータをもとにしてその傾向を分析する,**記述統計学**という分野がある.後者の意味での確率とは,記述統計によって求められた傾向のことを指す.

(1) 確率変数

起こっているか,起こっていないかをはっきりと判定できることを**事象**(Event)という.事象を与える行為を**試行**(Trial)という.起こり得るすべてのことを合わせた事象を**全事象**という.事象として観測される現象の一般名を**確率変数**という.

例えば,試行として「サイコロを振る」をとると,「サイコロを振ると1が出る」は事象である.サイコロを振る場合の全事象は,

- 「サイコロを振ると 1 が出る」
- 「サイコロを振ると 2 が出る」
- 「サイコロを振ると 3 が出る」
- 「サイコロを振ると 4 が出る」
- 「サイコロを振ると 5 が出る」
- 「サイコロを振ると 6 が出る」

を合わせたものである．また，この試行の確率変数はサイコロの目である．これを X とすると，事象は $X = 1, X = 2, X = 3, X = 4, X = 5, X = 6$ となる．

(2) 確率の定義

事象 e が起こる**確率**を $P(e)$ と書く．

n 通りの事象があって，それらが同じように起こりやすいと想定される時，「同様に確からしい」という．この時，個々の事象の起こる確率を $\frac{1}{n}$ と定める．

例えば，サイコロを振る場合の事象

- 「サイコロを振ると 1 が出る」
- 「サイコロを振ると 2 が出る」
- 「サイコロを振ると 3 が出る」
- 「サイコロを振ると 4 が出る」
- 「サイコロを振ると 5 が出る」
- 「サイコロを振ると 6 が出る」

が，どれも「同様に確からしい」とするならば，これらの起こる確率はそれぞれ $\frac{1}{6}$ である．

次の式が成立する．

$$P\,(\text{サイコロを振ると 1 が出る}) = P\,(X = 1) = \frac{1}{6}$$

ただし，確率変数 X は，サイコロの目のことである．

(3) 積事象

複数種類の全事象の組合せからできる事象を**積事象**という．

例えば，サイコロを振る場合の事象

- 「サイコロを振ると 1 が出る」
- 「サイコロを振ると 2 が出る」
- 「サイコロを振ると 3 が出る」
- 「サイコロを振ると 4 が出る」
- 「サイコロを振ると 5 が出る」
- 「サイコロを振ると 6 が出る」

と，コインを置く場合の事象

- 「コインの表が上になる」
- 「コインの裏が上になる」

の組合せは，$6 \times 2 = 12$ 通り存在する．この 12 通りの事象が積事象となる．

それぞれの全事象の起こりやすさに依存関係がない場合は，各試行について積事象のそれぞれの起こりやすさは，それぞれの事象の確率の積になる．この時，これらの試行は**独立**であるという．

例えば，サイコロを振り，コインを置く場合の積事象の確率は，$\frac{1}{6} \times \frac{1}{2} = \frac{1}{12}$ である．

5.3.2 原因の確率

次の問題を考える．

ある事件 K において，証人 A と B は，その事件が起こったといい，証人 C は起こらなかったと述べた．

事件 K の起こる確率は（証言によらず）$\frac{1}{2}$ であるとして，今，証人 A, B, C が真実を述べる確率がそれぞれ $\frac{4}{5}$, $\frac{5}{7}$, $\frac{8}{9}$ であるならば，事件 K が実際に起こっている確率はどれほどか．

簡単な実験で考えてみよう．事件の観測が，630 回行われたとする．そのうち，315 回は本当に起こり，315 回は起こらなかった．

事件が起こった 315 回の観測に対して，20 回が題意の証言になる．一方，事件が起こらなかった 315 回の観測に対して，16 回が題意の証言になる．

ということは，630 回の観測のうち，題意の証言が得られたのは 36 回で，そのうち，本当に起こっていたのが 20 回，起こっていなかったのが 16 回になる．したがって，本当に起こっていたのは $\frac{20}{36} = \frac{5}{9}$ である．

5.3.3　条件付き確率

それぞれの全事象の起こりやすさに依存関係がある場合は，積事象のそれぞれの起こりやすさは，それぞれの事象の確率の積ではなく，各事象の依存関係で決まる．

例えば，「宝くじに当たるかどうか」によって「高級自動車を買うかどうか」の確率は変化する．

(1)　モンティー・ホール問題

条件付き確率を使った興味深い問題として，**モンティー・ホール問題**と呼ばれる問題がある．

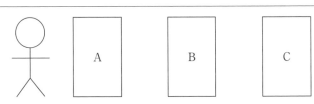

司会者と参加者の2人でゲームをする．

3つの閉じたドアが登場する．どれか1つのドアの向こうには，宝物がある．残り2つのドアの向こうは空である．参加者は，1回だけドアを開けて宝物を当てることが目的である．

1) まず，参加者が1つのドアを指定する（この時点では開けない）．
2) どのドアが当たりかを知っている司会者は，残りの2つのドアのうち，1つのドアを開けて，空であることを見せてくれる．
3) ここで参加者は，指定を変えることができる．

さて，参加者がより高い確率で宝物を得るためには，最初に指定した箱のままにしておく方がよいか，指定を変えるべきか．

(2) 解説

宝物を得る確率が高いのは，「指定を変えるべき」の方である．

- 指定を変えない場合の確率を p_1 とする．
  - 参加者がそれと知らずに，最初に当たりを選ぶ確率は $\frac{1}{3}$
    この時，宝物を得る確率は 1
  - 参加者がそれと知らずに，最初にハズレを選ぶ確率は $\frac{2}{3}$
    この時，宝物を得る確率は 0

  よって，条件付き確率の考え方から以下の式が成り立つ．

$$p_1 = \frac{1}{3} \times 1 + \frac{2}{3} \times 0 = \frac{1}{3}$$

- 指定を変える場合の確率を p_2 とする.
  - 参加者がそれと知らずに,最初に当たりを選ぶ確率は $\frac{1}{3}$
    この時,宝物を得る確率は 0
  - 参加者がそれと知らずに,最初にハズレを選ぶ確率は $\frac{2}{3}$
    この時,宝物を得る確率は 1

  よって,条件付き確率の考え方から以下の式が成り立つ.

$$p_2 = \frac{1}{3} \times 0 + \frac{2}{3} \times 1 = \frac{2}{3}$$

よって,$p_1 < p_2$ が成り立つ.

5.3.4 確率を利用した計算(モンテカルロ法)

確率を利用した計算の1つに,**モンテカルロ法**と呼ばれる方法がある.これは,本来なら式変形などを通して解析的に解決すべき問題を,確率を利用することによって近似値を求めたり,手順の改善を行ったりする方法である.

コンピュータが普及する以前は,例えば,円周率の近似値を求めるために,ビュフォンの針と呼ばれる方法が考えられていた.

- 大きな紙に,一定間隔 l で平行線を何本も引く.
- その上に,長さ t の針を,合計 n 本,上から落とす.ただし,$t < l$ とする.
- 平行線と針が交差した本数を p とする.
- この時,$\frac{2tn}{lp}$ は,円周率 π に近い値になる.

モンテカルロ法は,ビュフォンの針による方法を,コンピュータを用いて計算で行うために考案された.

例えば,ある立体を作る時,表面を数式で記述する.この立体の体積 V を,数式を利用して計算するのは簡単ではない.しかし,立体を含む

体積 U の箱（立体が入る直方体）をとり，この箱の中に乱数を使って n 個の点を作り出し，立体の中にある点の個数 i を数えると，$\frac{i}{n}$ は $\frac{V}{U}$ に近づくはずである．よって，$V = \frac{i}{n} U$ を近似値として求めることができる．

5.4　期待値の計算

1つの試行に対して各事象に数値が割り当てられている場合，数値と確率の積を全事象について加えたものを**期待値**（あるいは**平均**）という．特に，確率変数 X の期待値を，$E(X)$ と書くことがある．

例えば，サイコロを振る場合，出た目を数値として考えるならば，目 X の期待値は，

$$E(X) = 1 \times \frac{1}{6} + 2 \times \frac{1}{6} + 3 \times \frac{1}{6} + 4 \times \frac{1}{6} + 5 \times \frac{1}{6} + 6 \times \frac{1}{6} = \frac{7}{2}$$

となる．

5.5　情報を定義する

情報とは何か．『岩波国語辞典』では，第3番目に，

　　　「データ」が表現の形の面を言うのに対し，内容面を言うことが多い

という記述がある．データを計算対象とする統計的な計算と対照的に，情報を計算対象とする場合はどのように計算を行うのだろうか．1948年に，クロード・シャノンによって，内容面である個々の情報がもつ大きさは情報量として定義された．シャノンは，情報の意味には関心を向けず，事象として文字列を見ることで，これを情報量として定義した．情報の大きさは，情報を受ける側の情報の価値と考えてよい．「これから得られる情報に価値がある」とは，その情報が現在未知であることを

示す．未知である情報を得られれば，それだけ考えることが少なくて済む．つまり，情報を計算対象とする場合，未知の情報を1つ得ることによって，計算の手順が1つ進んだと考えればよいだろう．

例えば，1～4の数の中で数当てゲームを行う計算を考える．どの数も同じ確率で出現するものとする．このゲームは，1つの質問に「はい」か「いいえ」でしか答えられないものとする．解答者は何回で当てることができるだろうか．適当な数をいって最初に当たることがあるかもしれない．正解が4であった場合，「1ですか？」「いいえ」，「2ですか？」「いいえ」，「3ですか？」「いいえ」の段階で正解が4であることがわかるので，3回の質問が必要だろうか．ここで問いたいのは，必ず正解をもたらすためには最低何回の質問が必要かということである．

答えは2回．最初の質問で，2以下かどうかを確かめる．「はい」であれば，正解は2か1のいずれかであるから，次に「1ですか？」という質問をする．この時の解答が「はい」であれば正解は1で，「いいえ」であれば正解は2になる．一方，最初の質問に対する解答が「いいえ」であれば，正解は3か4のいずれかになるため，今度は「3ですか？」という質問をすればよい．

同様に，1～8の数当てゲームであればどうだろうか．図5.2のよう

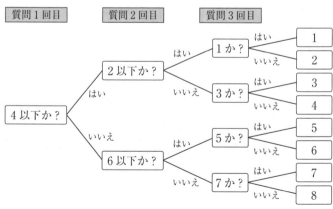

図5.2　1~8の数当てゲーム

に考えてみる．このケースの場合，質問は3回で済む．1回の質問で対象となる事象は2つなので，2回では4つ，3回では8つ，つまりn回で2^n個の事象が対象になる．

言い換えると，$\frac{1}{2^n}$の確率で出現する2^n個の事象の中で1つの事象を確定するための質問の回数はn回であるということである．これを一般化して，ある事柄Xが起こる確率を$P(X)$とした時，これが与える情報量$h(X)$を

$$h(X) = \log_2 \frac{1}{P(X)} = -\log_2 P(X) \quad (\text{ビット})$$

と表した．これを正しくは**自己情報量**と定義する．その情報を伝えるために$-\log_2 P(X)$ビット必要であるということを示す．自己情報量は図5.3に示すとおり，出現確率（横軸）が小さいほど大きくなる．確率が0.5である場合，例えば表と裏が出る確率が等しいコインを投げて表が出ることを考えると，この情報の情報量は1である．表か裏かを伝えるためには表を1，裏を0とすれば，1ビットで表せる．情報量とは，情報を受ける側にとっての情報の価値であるから，出現確率が小さい事象に関する情報を受け取った時の価値が大きいことを示す．例えば，冬に「明日は雪」といわれても，確率的には大きく，準備ができているので，そ

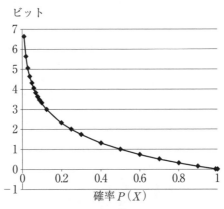

図5.3 自己情報量

れほど価値のある情報とはいえない．しかし，6月に「明日は雪」といわれた場合，起こる確率は0に近いと考えられ，それなりの準備ができることになり，価値がある情報といえるだろう．起こる確率が0に近いということは，図5.3から7ビットほど必要であることがわかる．

5.6 情報の価値

自己情報量は，個々の情報の価値を定義したものである．では，例えば数当てゲーム自体の情報量はどう表すだろうか．これを定義したものが**平均情報量，情報エントロピー**である．これは，それぞれの情報量の平均値である．1～4の数が等確率，つまり$\frac{1}{4}$の確率で出現する場合には，数当てゲーム自体の情報量は自己情報量の2ビットと同じである．しかし，等確率でない場合はそうはならない．

一般に，互いに排反な（同時には起こらない）M個の事象$a_1, a_2, a_3, \cdots,$ a_Mが確率$p_1, p_2, \cdots, p_M$で出現する時，情報エントロピーは以下の式で与えられる．

$$H(X) = -\sum_{i=1}^{M} p_i \log_2 p_i \quad （ビット）$$

1～4の数の出現確率が4：2：1：1の場合を考えてみよう．それぞれの確率は$\frac{4}{8} = \frac{1}{2}$，$\frac{2}{8} = \frac{1}{4}$，$\frac{1}{8}$，$\frac{1}{8}$になるので，各々の情報量の和を計算すれば，

$$\frac{1}{2} \times \left(-\log_2 \frac{1}{2}\right) + \frac{1}{4} \times \left(-\log_2 \frac{1}{4}\right) + \frac{1}{8} \times \left(-\log_2 \frac{1}{8}\right) + \frac{1}{8} \times \left(-\log_2 \frac{1}{8}\right)$$
$$= 1.75 \quad （ビット）$$

となる．出現確率が等確率の時の方が，そうでない時より情報エントロピーの値は大きい．情報エントロピー$H(X)$が最大になるのは，等確

率の場合である．事象の数を M とすれば $H(X) \leq \log_2 M$ である．

　情報エントロピーは，ネットワークなどの通信路における通信速度を決めるために使われる重要な概念である．

　通信路に情報を送り出す際に正確で高速に伝えるために，シャノンは情報エントロピーを用いて，圧縮の限界や通信路へ送信するデータの誤り率をなるべく減らすことを考えた．これらは，シャノンの**情報源符号化定理**，**通信路符号化定理**と呼ばれる．このうち，圧縮の限界を示している情報源符号化定理について述べる．

5.7　情報源符号化定理

　情報の入っている限定された世界を**情報源**と呼ぶ．情報エントロピーは，情報源固有の価値を評価するための尺度でもある．その情報源を圧縮する限界を示したのが情報源符号化定理である．

5.7.1　データ圧縮

　データ圧縮には，可逆圧縮と非可逆圧縮がある．圧縮したデータを復元した時に完全に元に戻すことができる手法が**可逆圧縮**であり，完全には元に戻らない手法が**非可逆圧縮**である．例えば，圧縮していないデータには，画像でいえば BMP, TIFF ファイルなどがある．可逆圧縮手法を使った画像ファイルとして GIF, PNG などがある．非可逆圧縮手法を使った画像ファイルには JPG などがある．非可逆圧縮を採用するのは，主に動画や音声など，人間の目や耳には違いがわからないようなデータを圧縮する時である．非可逆圧縮は可逆圧縮に比べ，データを間引きすることができるので，圧縮率はかなり高くなる．可逆圧縮を使えば画質は保たれるが，圧縮率は低くなる．

　情報源符号化定理は可逆圧縮の限度を示したものであるため，ここで

は可逆圧縮のみを考える.

5.7.2 符号化

　ある情報を送りたい場合に，記号を，0と1の並びで表したり，モールス信号のような体系で表したりすることを**符号化**という．符号というのは，1つの記号を別の表現に変換する規則のことである．

　表5.2は符号化のパターンを表している．パターン1でいえば，記号Dが00という符号語になる．

　ACBDという記号列をパターン1で符号化すると，11011000となる．可逆圧縮に必要なことは一意復号可能であり，瞬時復号できるということである．表5.2に示す符号化方式が一意復号可能か，瞬時復号可能かを考える．

　パターン1で11011000を復号すると，最初の1を読んだ時はA，Bの2つの可能性があるが，次の1を読んでAを復号できる．続けて，01を読んでCを復号し，同様にB，Dと確定できる．1回読んだだけで判別できるので瞬時復号可能であり，同時に一意復号可能である．

　パターン2で符号化すると0 011 01 110である．復号すると，最初の0を読んだ時点ではA，B，Cの3つの可能性がある．次の0を読んだ時点で00であるので，第1文字目がBやCではないということがここでわかり，最初の符号0がAであるとわかる．第2文字目も0である

表5.2　符号化のパターン

記号	パターン1	パターン2	パターン3
A	11	0	0
B	10	01	1
C	01	011	10
D	00	110	11

ので，ここでまた A，B，C の 3 つの可能性がある．第 2 文字目を A と考えた場合（図 5.4 ①），第 3 文字目から第 5 文字目までを D と考えることができる．その場合，第 6 文字目から第 8 文字目までが 1 であることを考えると，111 で始まる文字はないからこのパターンはあり得ない．第 2 文字目から第 3 文字目を B と考えた場合（図 5.4 ②），第 4 文字目から第 5 文字目までが 10 となっているが，10 で始まる文字はないからこのパターンもあり得ない．

　第 2 文字目から第 4 文字目までを C と考えよう（図 5.4 ③〜⑤）．するとここで第 5 文字目が 0 であることから，ここでまた A，B，C の 3 つの可能性が出てくる．第 5 文字目を A と考えた場合（図 5.4 ③），第 6 文字目から第 8 文字目までが 1 であることを考えると，111 で始まる文字はないからこのパターンはあり得ない．第 5 文字目から第 6 文字目までを B と考えた場合（図 5.4 ④），第 7 文字目から第 9 文字目までは D となるので，この文字列は ACBD を表すことがわかる．念のため，第 5 文字目から第 7 文字目までが C である可能性も考えてみると（図 5.4 ⑤），第 8 文字目から第 9 文字目までが 10 となっているが，10 で始まる文字はないからこのパターンもあり得ない．

文字	1	2	3	4	5	6	7	8	9	
	0	0	1	1	0	1	1	1	0	
①	A	A	D			×111 で始まる文字はない				
②	A	B			×10 で始まる文字はない					
③	A	C			A	×111 で始まる文字はない				
④	A	C			B		D			
⑤	A	C			C			×10 で始まる文字はない		

図 5.4　パターン 2 の符号化の例

したがって，0 011 01 110 = ACBD ということがやっとわかる．このパターンは一意復号可能であるが，瞬時復号不可能である．

パターン3は，010111となる．復号時には第1文字目はAとわかるが，次の101は，1+0+1，つまりBABとも考えられるし，10+1，つまりCBとも考えられる．最後の11にしてもBBなのかDなのかを特定できない．これでは一意復号にならない．

5.7.3 瞬時復号の条件

瞬時復号可能であるような符号を瞬時符号という．瞬時符号であるためには，ある符号語が別の符号語の頭に一致していないという条件を満たす必要がある．図5.5に示すようなツリーを書くと，パターン1は，符号語がすべてツリーの葉なので他の符号語の頭には一致せず，この条件を満たしているが，パターン2, 3はこの条件を満たしていないことがわかる．

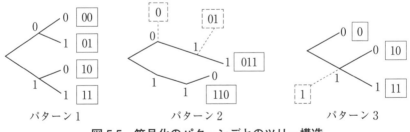

図5.5　符号化のパターンごとのツリー構造

5.7.4 平均符号長

情報源符号化定理は，情報源から出る記号1個当たりの平均符号長をどこまで短くできるかという限界を示している．それぞれの符号語を構成する0と1の総数が符号長になる．例えばパターン1では，A, B, C,

第5章　確率と情報量　|　**89**

D をそれぞれ 11, 10, 01, 00 と符号化した．符号長はすべて 2 ビットとなる．平均符号長は，それぞれの記号の出現確率によって異なる．

　まず，等確率で起こる場合，平均符号長は各事象に割り当てられた符号長にそれぞれの事象の出現確率を掛け合わせたものの和で表される．この場合は，$2 \times \frac{1}{4} \times 4 = 2$（ビット）となる．

　さて，パターン 1 の情報エントロピーはいくつだろうか．計算してみると，$\frac{1}{4} \times \left(-\log_2 \frac{1}{4} \right) \times 4 = 2$（ビット）となる．平均符号長が情報エントロピーと等しくなっていることに注意してほしい．

　次にパターン 2 で考える．出現確率が等確率であると，平均符号長は

$$1 \times \frac{1}{4} + 2 \times \frac{1}{4} + 3 \times \frac{1}{4} + 3 \times \frac{1}{4} = 2.25 \quad （ビット）$$

である．出現確率が等確率である場合，各記号に等しい長さの符号語を割り当てる（等長符号化）と，平均符号長はその情報源の情報エントロピーと等しくなる（パターン 1）が，復号可能な不等長（符号化された符号の長さがすべて等しいわけではない）符号を割り当てると，平均符号長はその情報源の情報エントロピー以上の値になってしまう（パターン 2）．

　では，パターン 1 で，4 つの事象がそれぞれ異なる確率で起こる場合はどうだろうか．A, B, C, D が 4：2：1：1 の確率で起こるとすれば，確率はそれぞれ $A = \frac{1}{2}$，$B = \frac{1}{4}$，$C = \frac{1}{8}$，$D = \frac{1}{8}$ であり，この場合の情報エントロピーは

$$\frac{1}{2} \times \left(-\log_2 \frac{1}{2} \right) + \frac{1}{4} \times \left(-\log_2 \frac{1}{4} \right) + \frac{1}{8} \times \left(-\log_2 \frac{1}{8} \right) + \frac{1}{8} \times \left(-\log_2 \frac{1}{8} \right)$$

$$= 1.75 \quad （ビット）$$

である．平均符号長は

$$2 \times \frac{1}{2} + 2 \times \frac{1}{4} + 2 \times \frac{1}{8} + 2 \times \frac{1}{8} = 2 \quad (\text{ビット})$$

となり，情報エントロピーより大きくなった．

不等確率の場合に平均符号長が情報エントロピーと同じになることはないのだろうか．ここで，出現確率が低い事象に長い符号長の符号語，出現確率が高い事象に短い符号長の符号語を割り当ててみる．例えば，出現確率の最も高い A を 0，次に確率の高い B を 10，残りの 2 つを110 と 111 に割り当てよう．すると，平均符号長は

$$1 \times \frac{1}{2} + 2 \times \frac{1}{4} + 3 \times \frac{1}{8} + 3 \times \frac{1}{8} = 1.75 \quad (\text{ビット})$$

となり，情報エントロピーと同じになった．

5.7.5　情報源符号化定理

ある特定の情報源について，瞬時復号可能ないかなる符号の平均符号長も，その情報源の情報エントロピーより小さくはならないことをシャノンは数学的に証明した．これが情報源符号化定理の本質であり，圧縮の限界を表しているのである．出現確率の大きな記号に短いビット列を割り当てる手法にはシャノン・ファノの符号化法，ハフマンの符号化法などがあるが，ここでは扱わない．興味のある方は参考文献を参照されたい．

演習課題

[5.1] 3 枚のコインがある．このコインを机の上に投げて，それぞれについて表が出るか裏が出るかを調べる．3 枚のコインが異なる場合，

3 枚のコインに区別がつかない場合のそれぞれについて求めよ.

(1) 起こり得る事象は何通りか.

(2) それぞれの試行について,「表が出る」「裏が出る」が同様に確からしいとする. この時, 起こり得る事象それぞれの確率を求めよ.

(3) 表が出る枚数の平均を求めよ.

[5.2] 5 回に 1 回の割合で傘を忘れてしまう X さんが, A, B, C の 3 つの教室でこの順に授業を受けて大学から出たところで, 傘を 3 つの教室のどこかに忘れたことに気がついた. それぞれの教室に置き忘れた確率を求めよ.

[5.3] 紙とコンパス, ペン, およびゴマ粒 (あるいは米粒) を利用して, 円周率の近似値を求める方法を考えよ. また, 実際に, その方法で円周率の近似値を求めよ.

[5.4] ある宝くじの当選金は, 以下のようであった.

種類	当選本数	当選金額
1 等	6 本	100,000,000
組違い	594 本	100,000
2 等	10 本	10,000,000
3 等	100 本	1,000,000
4 等	4,000 本	100,000
5 等	10,000 本	10,000
6 等	100,000 本	5,000
7 等	1,000,000 本	500

なお，当選本数は，10,000,000 本に含まれる当たり本数である．当選金額は，1つの当たりについての当選金額である．

この宝くじの当選金の期待値を計算せよ．

[5.5]「はい」か「いいえ」で答える質問を 10 回行って 1 つの情報が得られる時，全体の情報の数はいくつあるか．

[5.6] 52 枚（ジョーカーを除く）のトランプから 1 枚を引く時，その 1 枚がスペードであることを知った時の自己情報量を求めなさい．

[5.7] ある書籍の中で出現する異なる文字が 68 文字あるとする．この中の 20 文字は $\frac{1}{32}$ の確率で出現する．残りの 48 文字は $\frac{1}{128}$ の確率で出現するものとする．この時，この書籍の文字の情報エントロピーはいくつか．

[5.8] ある情報源の A, B, C, D の出現確率を $\frac{1}{8}$, $\frac{1}{8}$, $\frac{3}{8}$, $\frac{3}{8}$ とする．この時それぞれのアルファベットを表のように符号化した．この情報源の情報エントロピーとそれぞれの符号化パターンにおける平均符号長とを求め，平均符号長がどちらの符号化パターンでも情報エントロピー以上であることを確かめなさい．

アルファベット	出現確率	符号化 X	符号化 Y
A	$\frac{1}{8}$	111	001
B	$\frac{1}{8}$	110	11
C	$\frac{3}{8}$	10	10
D	$\frac{3}{8}$	0	01

参考文献

[1] Brian W. Kernighan『ディジタル作法―カーニハン先生の「情報」教室―』久野靖・訳，オーム社，2013 年
[2] 高岡詠子『シャノンの情報理論入門』講談社ブルーバックス，2012 年
[3] R: The R Project for Statistical Computing, https://www.r-project.org/
[4] 奥村晴彦『R で楽しむ統計』共立出版，2016 年

6 | おはなしコンピュータ

遠山　紗矢香

《目標＆ポイント》 本章では，コンピュータが様々な情報処理を行う際にどのような情報を受け取り，どのような処理を経て，何を出力するのかについて学ぶ．その際，人とコンピュータの情報処理の仕組みの違いにも焦点を当てることで，理解を深めることを目指す．

《キーワード》 コンピュータの情報処理の仕組み，ブロックプログラミング，フローチャート，ハードウェア，逐次実行，反復，条件分岐

6.1　コンピュータができること

6.1.1　コンピュータって何をしているの？

　私たちは，日々の生活の中で様々なコンピュータを使用している．コンピュータは，私たちからの指示を受け取り，その指示のとおりに仕事をして，必要に応じてその結果を教えてくれる道具である．

　スマートフォンはコンピュータの典型的な例である．インターネットを経由して知人と連絡を取り合ったり，Web サイトを閲覧したりするのに使用できるのはもちろん，バーコード決済を利用して代金を支払ったり，銀行口座から代金振込を行ったりするなど，私たちの生活を便利にしてくれる．また，ハードウェアに搭載されている機能を使えば，現在地から目的地まで道案内してもらうことができたり，公共交通機関に乗車したりすることなどもできる．

　パソコンもまた，私たちの生活に欠かせないコンピュータの1つである．パソコンには，画面と本体が分離しているデスクトップ型パソコン，

ノートのような見開き形態の中に画面とキーボードが備えられている
ノート型パソコン，画面部分を指で触ると入力できるタッチパネルを搭
載したパソコンなど，様々な形がある．パソコンがスマートフォンと比
べて機能面で優位なのは[1]，複数のソフトウェアの画面を同時に表示
し，それらを切り替えながら作業できる点である．

　人間同士の対話とは異なり[2]，コンピュータに指示できることの種
類は，生成 AI などを除いて，原則としてあらかじめ決められている．
私たちは用意された指示の中から，自分の目的に合ったものを選んで使
用する．用意されている指示を画面に一覧表示したり，人間が入力した
指示を受け取ったりするのは，**ソフトウェア**の役目である．受け取った
指示を**ハードウェア**に伝達したり，ハードウェアで処理した結果をわか
りやすく画面に表示したりするのも，ソフトウェアの仕事である．ソフ
トウェアの中でも特に，ハードウェアと直接やり取りしながら，個別の
機能に特化したソフトウェア全体の管理を行うもののことを**オペレー
ティングシステム（OS）**と呼ぶ（図 6.1）．オペレーティングシステム
上でどのソフトウェアを使うかを選択する際など，人間が直接オペレー
ティングシステムを操作することもある．

6.1.2　人間とコンピュータの振る舞いはどのように異なるのか

　コンピュータが処理することができる指示は，ハードウェアでできる
ことと深く関係している．究極的には，現代のコンピュータの内部で行っ
ていることは，2 章で述べたビット（2 種類の状態）を電流を用いて表

---

[1] —— 本稿執筆時点（2023 年 11 月）．
[2] —— 人間は，状況から得られた手がかりや相手の意図を推測した結果などを
ヒントにして，明示的に指示されていないことも手続きに含めることがある．コン
ピュータはこうしたことをしないため，コンピュータに指示を出して初めて，自ら
の指示にどのような点が不足していたかを認識できる場合もある．その例として，
コンピュータになりきった父親に子どもが指示を出すことで，その指示の適切さを
ユーモラスに検証した以下の動画が参考になる．
　https://www.youtube.com/watch?v=cDA3_5982h8

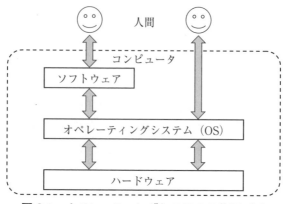

図 6.1　オペレーティングシステムの位置づけ

現し，複数のビットからなるビット列を，回路を使用して計算することだけである[★3]．これは，コンピュータのハードウェアにとって，電流が一定以上あるかないかを区別することが比較的簡単なためである．一方で私たちが計算をする時は，「0」から「9」までの 10 種類の数字を並べて使う．しかしながら，電流を利用したコンピュータにとっては，10 種類の状態を区別することは難しい．したがって，人間が行う 10 種類の数字を用いた計算は，そのままではコンピュータで処理することができない．

この他にも，以下に挙げるようないくつかの違いがある．

(1) コンピュータは間違えない

コンピュータは計算間違いをすることがない．広い意味では電卓もコンピュータの 1 つなので，電卓を使う時のことを想像していただきたい．人間が正確に数字や計算記号を入力すれば，電卓は計算結果を誤りなく導いてくれる．

[★3] ここでは典型的なノイマン型コンピュータのみを想定している．

ただし，電卓が表示できる数字の個数（桁数）を計算結果が超えてしまった場合は，計算結果が正しく表示できないため，正確な計算結果が表示されないことがある．また，コンピュータや電卓の内部では，数をビット列で表現して計算を行うため，人間が入力した10種類の数字の列をビット列に変換し，さらに計算結果を10種類の数字の列に変換する手続きが必要になる．この変換の際に，固定された桁数の中で，しかも長さを固定したビット列だけで表現するために，やむを得ず途中で計算を打ち切ることが発生するが，こうした場合に計算誤差が生じる．

さらに，**バグ**と呼ばれる不具合が見つかった場合，コンピュータが間違いを犯したと誤解される場合もある．バグは，コンピュータに対して人間が出した指示が誤っている時に発生する．つまり，人間が期待した結果とは異なる結果をコンピュータが示した時，人間の指示にバグが含まれていると考えられる．上述したコンピュータの性質を，人間が十分に考慮しないで指示を作った場合にも，バグが発生することがある．

(2) コンピュータは忘れない

一度覚えたことを絶対に忘れないというのは，一般的な人間にとってほぼ不可能である．一方でコンピュータの場合，補助記憶装置（6.2.3項を参照）に記憶内容を書き込んでおけば，一度記憶したことが消えてしまうことはない．また，コンピュータは，記憶が曖昧になったり，記憶がゆがめられてしまったりすることもない．

ただし，補助記憶装置が故障すると，それまでの記憶がすべてなくなってしまう．補助記憶装置がいつ故障するかを完全に予測することは困難なため，失われると困る記憶は，それとは異なる補助記憶装置にも保存しておくことが重要である．もちろん，人間が「保存せよ」という指示をコンピュータに出し忘れていた場合は，そもそも記憶されない．

(3) コンピュータは休まない

人間とは異なり，コンピュータは休息をとる必要がない．長時間動か
し続けても人間のように疲労はしないため，時間経過とともにパフォー
マンスが落ちていくことはない．また，身体の健康を維持するために生
活リズムを整えたり，睡眠をとったりする必要もないため，電気が供給
されており，本体に故障が生じない限り，コンピュータは動き続けるこ
とができる．

稼働時間が長くなることによって，本体の部品が故障するリスクが生
じる．まず，コンピュータの重要な部分にある半導体は熱に弱いため，
本体が熱くなりすぎないように冷却するための工夫が本体に施されてい
る．例えば，昼夜を問わず働くことが予定されているコンピュータ(サー
バ)の場合，本体を冷却するためのしっかりしたファンが取り付けられ
ているほか，室内を 24 時間一定程度の温度・湿度に保つための空調設
備が整備された部屋に設置されることが多い．次に，連続稼働によって
消耗する部品や，故障しやすい部品への対応も求められる．サーバの場
合，重要な部品についてはバックアップ用の部品もあらかじめ搭載して
おき，不慮の故障が生じた際には自動的にバックアップ用の部品に切り
替える対応がなされることがある．さらに，電気の供給が止まれば動け
なくなってしまうため，停電時でも稼働を続けるために無停電電源装置
に接続されることもある．ただし，無停電電源装置は巨大な電池である
ため，対応できる停電は一定時間内に限られているもののみである．

6.1.3 コンピュータの基本的な動き

コンピュータの動作はとても単純である．基本的には，以下に挙げる
3 種類の手続きだけで構成されている．

コンピュータは，私たちが出した指示を忠実に守り，1 つずつ順番に

処理していく．このことを**逐次実行**と呼ぶ．例えば信号機で，青信号から赤信号に変わるまでの一連の処理を書き表すと，図6.2のようになる．ただし，この図の処理では赤信号の点灯後に青信号が点灯しないため，信号機としては不良品である．

　前述のとおり，コンピュータは特別な場合を除いて計算を間違えることがなく，疲れることもないので，同じような処理を何度も行う場合に適している．再び信号機の例を用いると，決められたタイミングと決められた順番で繰り返し特定の色の信号を点灯させるような仕事を任せることもできる．このことを**繰り返しや反復**と呼ぶ（図6.3）．

　信号機では，ある条件を満たした場合だけ特定の処理を行うこともある．例として，車両用の青信号が常時点灯しており，その道路を横断する歩行者がボタンを押した時だけ車両用の信号が赤になる場合を想定する．歩行者用信号のボタンを歩行者が押した時だけ，車両用の青信号が消灯して黄信号に変わり，やがて赤信号が点灯する．その後，歩行者用信号の青が点灯し，続いて赤が点灯したら，再び車両用信号は青点灯する．このように，条件によって作業の内容を変更することを**条件分岐**と呼ぶ（図6.4）．

　図6.2，図6.3，図6.4で使用した表記法は**フローチャート**と呼ばれており，プログラムの処理の流れを図示する際に用いられる．フローチャートでは，処理は長方形で表す．繰り返しは，同じ長辺上にある2つの角を切り落とした長方形で表し，繰り返す部分の始端と終端はこの図形で示す（ただし，終端では図形が逆さになる）．また，条件分岐はひし形で示す．

　1つひとつの動きは非常に単純だが，信号機のように，これらを組み合わせてあらかじめ指示しておくことで，作業をコンピュータに任せることができる．これら3種類の手続きと，様々なデータを組み合わせて

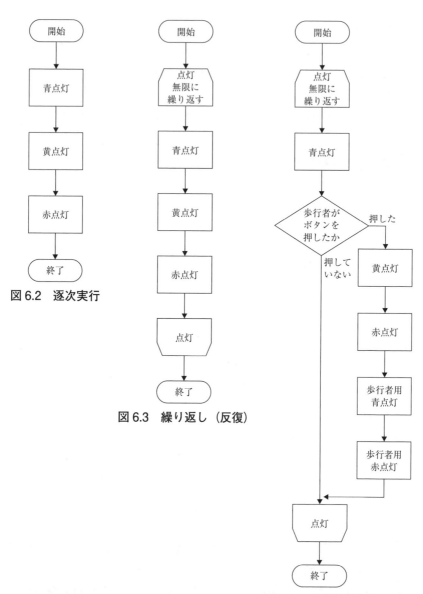

図 6.2 逐次実行

図 6.3 繰り返し（反復）

図 6.4 条件分岐と繰り返し

第6章 おはなしコンピュータ | **101**

作られたシステムが，私たちの生活を様々なところで支えている．

6.2 コンピュータの内部

コンピュータを，入力装置，出力装置，中央演算処理装置，制御装置，記憶装置の5つの部分に分けて考える．人間が直接操作するのは入力装置であり，出力装置を介して人間が処理の結果を目にする．コンピュータの処理の大部分は，人間が肉眼では観察することができない電気信号で行われるので[★4]，人間にもわかるように結果を示してくれる出力装置が存在している．

6.2.1 入力装置と出力装置

コンピュータに指示を出すためには，人間の指示をコンピュータに伝える**入力装置**が必要である．また，コンピュータが仕事をしたら，その結果を人間に伝える**出力装置**が必要である．

入力装置としてよく知られているのは，キーボードやマウスである．ノート型パソコンの場合，マウスと同じ機能がタッチパッドで提供されることが多い．タッチパッドは指に反応するようにできており，タッチパッド上で指を動かすことで，マウスのように画面上のカーソルを動かすことができる．また，スマートフォンのように指で画面を触ることで入力ができるタッチスクリーンや，指よりも小さな部分を触ることができるタッチペンも，入力装置である．さらに，視覚的な情報を読み取る装置としてはカメラやスキャナが挙げられる．カメラは，私たちが目で見た景色や情報を読み取る装置である．また，二次元コードを読み取ることができるように作られたカメラもある．紙などに表示された視覚的な情報を読む取るスキャナも入力装置である．レジで商品のバーコードを読み取る装置（ハンディスキャナ）も，スキャナの一種である．音声

[★4] —— 電気信号がある時だけ光る LED を電子回路に組み込めば，肉眼でも電気信号の有無を観察できる．

を入力するための装置として，マイクがある．コンピュータを使って遠隔会議をする際に，人間の声を入力するためのマイクは欠かせない存在である．また，マイクから入力された人間の音声を書き言葉に変換することができるソフトウェアもある．

　出力装置としてよく知られているのは，パソコンの液晶モニタである．モニタは，**画素**★5 と呼ばれる微小な部分を平面に大量に埋め込むことで構成されている．1つひとつの画素は個別に色を表現することができ，画素1つ当たりで表現できる色の種類が多いほど，画面全体でグラデーションを滑らかに表現できる．このため，単位面積当たりの画素数が多く，かつ1つの画素で表現できる色の種類が多いほど，人間の目には「きれい」な絵に見える★6．パソコンによっては，作業中の内容を複数のモニタに分割して表示できるものがある．表示の仕組みは異なるものの，プロジェクタもモニタと同様にパソコンでの作業内容を表示できる．プロジェクタはモニタと比べて，多少粗くても全体を大きく表示することが得意なため，多くの聴き手に同じ画面を見せるプレゼンテーションの場面などでよく使われる．モニタに表示した内容の一部分を紙に印刷するための出力装置として，プリンタが挙げられる．プリンタもモニタと同じように，単位面積当たりの画素数が多いものの方が印刷結果は「きれい」に見える★7．音声を出力するための装置として，スピーカがある．人間がパソコンで音を聴くということは，コンピュータが音データを読み取って，その結果をスピーカに出力していると言い換えることができる．

★5 —— ピクセルともいう．

★6 —— 画素数が少ない場合，表示されている物体の輪郭がギザギザに見えることがある．

★7 —— ただし，インクの性能や紙の特性等によって，仕上がりの美しさには差が生じる．

6.2.2 中央演算処理装置，制御装置

人間が入力した指示の内容は，コンピュータの内部で，中央演算処理装置と制御装置に渡される．一般的に **CPU** と呼ばれているのは，中央演算処理装置と制御装置の 2 つをまとめたものである．**中央演算処理装置**は主として計算を行い，**制御装置**は主として指示内容を一時的に記憶したり，解釈したりする仕事を行う．以下ではこれら 2 つをまとめて CPU と呼ぶ（図 6.5）．

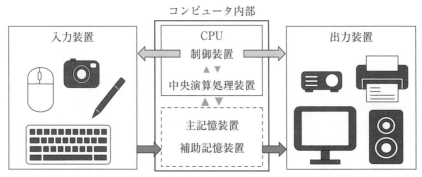

図 6.5　入力装置，出力装置とコンピュータ内部の関係

CPU で行うことができる計算は，ビットを用いた計算である．この計算を行う時に，①どのくらい大きな数を一度に計算することができるか，②どのくらいの頻度で計算を行うことができるか，③どのくらい同時並行で異なる計算を行うことができるか, といった評価指標によって，CPU の性能が決まる．①は，2023 年現在のパソコンでは「64 ビット」または「32 ビット」と呼ばれるもので，64 ビットの方が 32 ビットよりも一度に計算できる数が大きくなる．人間がパソコンを便利に使用するために欠かせない**基本ソフト**（オペレーティングシステム：OS）も，

32 ビットと 64 ビットでは異なる作りになっているため，ハードウェアに合わせた OS をインストールする必要がある．②は**クロック周波数**と呼ばれるもので，例えば，CPU の性能表示部分に「3.5 GHz（3.5 ギガヘルツ）[8]」などと示されている．この値が大きいほど，より高頻度で計算することができる CPU だとわかる．③は**コア数**や**スレッド数**と呼ばれているものである．コア数やスレッド数が多いほど，同時並行で計算できる量が多いことを意味する（表 6.1）．

表 6.1　CPU の性能評価における観点

性能評価の観点	単位	内容	評価方法
①	ビット	どのくらい大きな数を一度に計算することができるか	ビット数が大きい方が，一度に計算できる数が大きくなる
②	クロック周波数	どのくらいの頻度で計算を行うことができるか	クロック周波数が大きいほど，より高頻度で計算できる
③	コア数，スレッド数	どのくらい同時並行で異なる計算を行うことができるか	コア数やスレッド数が多いほど，同時並行で計算できる量が多くなる

　一般的には，①，②，③のいずれも大きな値のものを選ぶほど，CPU の性能は高くなるといえる．ただし，コンピュータにどのような指示を出すのかによって，性能がどの程度発揮されるかは異なる．また，同じ CPU に対して同じ指示を出した場合でも，CPU 以外の装置の性能によって，処理が完了するまでに要する時間は異なる．極端な例を挙げれば，1 秒で結果を出す CPU とその計算結果を出力装置へ伝送する速度が 2 秒のコンピュータと，2 秒で結果を出す CPU とその計算結果を出力装置へ伝送する速度が 1 秒のコンピュータで同じ計算を行った場合，人間から見ると，どちらも処理が終わるまでの体感速度は変わらない．

★ 8 ── 1 Hz は 1 秒に 1 回，1 GHz の場合は 1 秒に 10 億回である．

CPU の中で行われている処理を見てみると，CPU は人間から指示された内容を一時的に記憶して，指示の内容を，「0」と「1」からなるビット表現に変換している★9．指示内容と，計算に用いる数字の両方が「0」と「1」の2種類だけになった状態で，CPU は加算などの計算を行う．もし特定の作業を反復するように人間が指示を出した場合，合計で何回繰り返すのか，これまでに何回繰り返したのかといった状態を CPU の内部に記憶しておき，現在の繰り返し回数が合計繰り返し回数に達した時に繰り返しを止めるという処理を行う．

6.2.3 主記憶装置・補助記憶装置

人間が出した指示を CPU へ伝えたり，CPU が出した結果を受け取って出力装置に伝えたりするために，コンピュータの内部には様々な内容を記憶する装置が必要になる．人間にとってなじみ深いのは，ハードディスクや SSD，USB メモリ，SD カード（microSD カードも含む）といった装置かもしれないが，これらは通常，**補助記憶装置**と総称される装置である．なぜ「補助」という言葉がついているかといえば，CPU が直接やり取りする記憶装置は，ハードディスクでも SSD でもないからである．CPU が直接やり取りする記憶装置は**主記憶装置**と呼ばれており，これは一般的に**メモリ**と呼ばれている．主記憶装置は，人間からの指示内容を記憶しておいて CPU に伝送したり，CPU から伝送された計算結果を記憶しておいたりする役目を果たす．主記憶装置は，CPU と直接やり取りができる高速伝送路をもっていることが強みだが，通電しなくなると記憶が消えてしまう弱点もある．この弱点を補うために，補助記憶装置は，主記憶装置に記憶されている内容を受け取って，通電していない状態でも記憶を保持し続ける機能をもっている．補助記憶装置の弱点は，主記憶装置と比べて伝送路の速度が遅いことである．

★9 —— 機械語という．

コンピュータは通電していなければ計算することも記憶することもできない．このため，ハードディスクや SSD のように，コンピュータの電源を切って通電がなくなった状態でもデータが消えない仕組みが必要である．また，記憶できる量が大きいほど，多くのデータを記録しておくことができる．記憶できる量は，近年のパソコンでは，512 GB（ギガバイト），2 TB（テラバイト）などの単位で表されることが多い．1 TB は約 1000 GB であり，値が大きなものほど多くのデータを記録することができる．

6.2.4　その他の装置

近年では，パソコンの性能について説明する際に，CPU の他に GPU という用語もよく聞かれるようになった．**GPU** は，モニタに出力するための処理に特化した装置である．高性能な GPU を搭載したパソコンを使用すると，3D の画像や精細な画像を，元のデータに忠実にモニタへ表示したり，これらの画像表示に要する時間を短縮したりすることができる．GPU の性能が高いと，美しい映像のゲームを楽しむことができるほか，深層学習で必要な計算を効率的に行うことができる．深層学習は，**人工知能**（**AI**）を実現するための重要な手法の 1 つである．

6.3　コンピュータに指示を出す方法

コンピュータが得意な逐次実行，反復，条件分岐の 3 つを組み合わせて仕事の指示を出すことができれば，人間が行っていた仕事をコンピュータに任せることができるようになる．しかも，指示をまとめて一度に出しておけば，仕事が終わるまでコンピュータが自動的に処理を進めておいてくれる．コンピュータが理解できる形で一連の指示をまとめたものを**プログラム**と呼ぶ．プログラムの大きさは，プログラムの行数

で表されることが多い．同じプログラミング言語で作られたプログラム
であれば，行数が多いほど大規模なプログラムであることが多い．プロ
グラムを作るためには，何らかの**プログラミング言語**を利用する必要が
ある．

　プログラミング言語には様々な種類がある．実際，近年よく利用され
ているプログラミング言語だけを取り上げたとしても 20 種類以上ある．
プログラミング言語が作られた目的，記法，処理速度，得意とする処理，
求められるハードウェア性能などはそれぞれ異なっているため，目的に
合ったものを選択して利用することが重要である．

6.3.1　プログラミング言語の種類

　プログラミングを初めて経験する人にとって敷居が低いのは，プログ
ラムの中で利用できる指示が一覧表示されていて，一覧の中から必要な
指示を選択する方式のプログラミング言語である．このタイプのプログ
ラミング言語でよく知られているのは，**ブロックプログラミング**と呼ば
れるプログラミング環境である．ブロックプログラミングは文字どおり，
それぞれに小さな指示が書かれたブロックの中から，必要なブロックを
いくつか組み合わせてプログラムを作成するものである．この環境であ
れば，利用できる指示をあらかじめ暗記する必要がなく，しかも指示を
手入力しなくてもよいため，タイピングが苦手な人にも利用しやすい．
また，ほとんどのブロックプログラミング環境は，自分が作ったプログ
ラムの実行結果を簡単に確認できる機能も有している．日本の小学校で
は 2020 年度からプログラミング教育が必修化されたが，その授業でブ
ロックプログラミング環境がよく使われているのはこうした事情による
ところが大きいと考えられる．

　一方，システムを構築している現場では，テキストプログラミング環

境を用いて開発を行っていることが多い.**テキストプログラミング**では,プログラムの中で利用できる指示を人間が覚えておき,指示を一字一句間違えないように手入力する必要がある★10.指示が一文字でも間違っていると,プログラムを実行した時にエラーが出てしまう.ブロックプログラミング環境と比べて求められることが多いように感じられるかもしれないが,大量のプログラムを人間にとってわかりやすく整えて記述する上で,テキストプログラミング環境が有効なことも少なくない.

　プログラミング言語は人間にとってわかりやすく作られているため,私たちが日常生活で使う自然言語(英語など)と指示の仕方が似ている.一方,コンピュータの内部では,前述したとおり,0と1の2種類で指示を判別しているので,コンピュータが処理できるように指示を変換する必要がある.指示を変換するやり方には,プログラムを1行読み込んで変換して実行を制御する作業を,プログラムが終わるまで繰り返す**インタプリタ方式**と,完成したプログラム全体をまとめて変換してから実行する**コンパイラ方式**がある.プログラム全体を変換する作業を**コンパイル**と呼ぶ.各実行方式のメリットを表6.2に示す.

　手持ちのパソコンでプログラムを実行する時には,いずれの方式であっても,利用するプログラミング言語に合わせて,プログラムをCPUが理解できるようにビット列に変換するソフトウェアをインストールしておく必要がある.一方,近年では,Webブラウザの中でプログラムを記述し,そのまま実行することができる環境もある.後述するScratchやEduBlocksはその例である.これらは,手持ちのパソコンにプログラミング環境をインストールする必要がない点は便利である.ただし,プログラムを読み書きしたり,実行したりする時には常にイン

★10 —— 近年では,人間が途中まで指示を入力すると残りを推測して補完する機能や,日本語で作りたい機能を入力するとそれに合わせたプログラムを提案する機能なども発表されている.例えば,人工知能を使ってプログラミングを支援するツールとしてGitHub Copilotがある.
　https://github.com/features/copilot

表 6.2　プログラムの実行方式による分類

実行方式の名称	プログラム実行時のメリット	各方式を採用している代表的なプログラミング言語の例
インタプリタ方式	コンパイル不要で，プログラムを 1 行ずつ実行できる	Python，JavaScript，Ruby 等
コンパイラ方式	同様の処理ならば，インタプリタ方式よりも処理に要する時間が短い	C，C++，Java，Go 等

ターネットに接続している必要がある．

6.3.2　プログラミング環境の具体例

　Web ブラウザの中で動作するブロックプログラミング環境としてよく知られているのは Scratch である．**Scratch** は，マサチューセッツ工科大学メディアラボのミッチェル・レズニック氏のグループで開発されたものである．Scratch のアカウント数は 1 億[11] を超えており，世界各国にユーザがいる．

　Scratch では，画面上のキャラクターに対して指示するプログラムを作ることができる．指示できるのは，手足を動かしたり，画面内を移動したりといった動作だけでなく，計算をしたり，データを並べ替えたりすることもできる．また，複数のキャラクターに対して同時に指示を出すこともできる．

　日本の小学校では，算数で正多角形を学習する単元でプログラミング活動が例示されており，Scratch の拡張機能であるペン機能を用いて学習活動が設計されることも多い．ペン機能を用いると，キャラクターが移動した軌跡に線が引かれるため，キャラクターの進み方を適切に指示すれば，様々な幾何学模様を描くことができる．正多角形は，すべての

---

[11] —— 本稿執筆時点（2023 年 11 月）．

角の大きさと辺の長さが同じであり，角の数と角の大きさには規則的な関係性があるため，プログラムを適切に作成すれば様々な正多角形を描くことができる（図 6.6）．

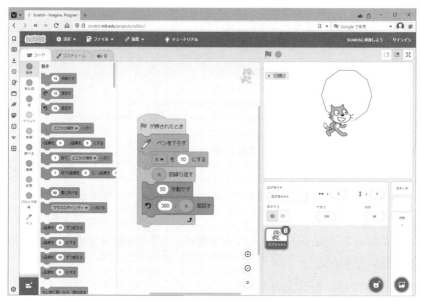

図 6.6　Scratch で正十角形を描くプログラムの例

　ブロックプログラミング環境としてもう 1 つ挙げられるのは，EduBlocks である．EduBlocks は様々なプログラミング言語をブロックプログラミング環境に落とし込んだものであり，近年利用されることが多い Python もブロックを使ってプログラミングできる．EduBlocks では，Scratch と同じように，用意されたブロックを組み合わせることでプログラムを作成したり，実行したりすることができる．また，EduBlocks で正多角形などの幾何学模様を描くプログラムを作る場合に

は，Pythonで用意されている，turtleというライブラリ[★12]を使用すればよい．これはScratchのペン機能に類似している．turtleライブラリを使用すると，亀に対して進み方を指示するイメージでプログラムを作成することができる（図6.7）．

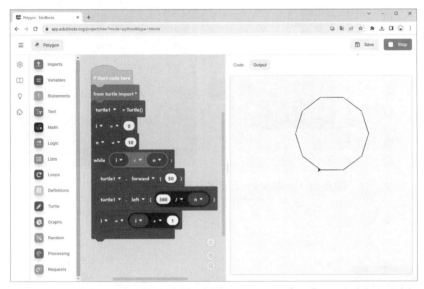

図6.7　EduBlocks上で正十角形を描くPythonのプログラムを実行した例

　一方，EduBlocksでは，Scratchとは異なり，ブロックで作ったプログラムを文字だけのプログラムとして表示することもできる（図6.8）．文字だけのプログラムは，EduBlocksだけでなく，Pythonのプログラムを変換するソフトウェアがインストールされている限り，どの環境でも実行することができる．

[★12]──特定の機能を実現するために書かれたひとまとまりのプログラムのこと．

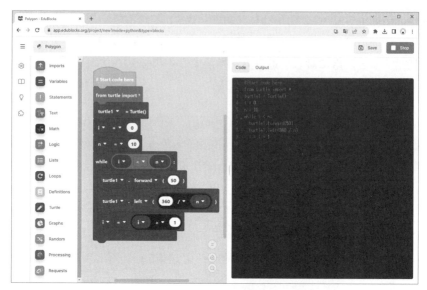

図6.8 EduBlocks 上で正十角形を描く Python の
テキストプログラムを表示した例

演習課題

[6.1] 図6.2～図6.4と図6.6を参考にして，正百角形を描くプログラムのフローチャートを作成しなさい．

[6.2] 問題 [6.1] で作成したフローチャートをもとにして，Scratch で正百角形を描くプログラムを作成しなさい．この時，描画される図形は，Scratch の画面からはみ出さないようにすること．

[6.3] 主記憶装置と補助記憶装置の違いを2点述べなさい．

参考文献

［1］ Scratch, https://scratch.mit.edu/（2023.11.30 アクセス）
［2］ 文部科学省 , "小学校　学習指導要領（平成 29 年告示）", https://www.mext.go.jp/content/20230120-mxt_kyoiku02-100002604_01.pdf（2023.11.30 アクセス）
［3］ EduBlocks, https://app.edublocks.org/（2023.11.30 アクセス）

7 | 基本的なプログラミング

西田　知博

《目標＆ポイント》　Python は，近年，人気が高まってきたプログラミング言語である．本章では，Python によるプログラミングの基本として，変数，データ型，順次・分岐・反復の制御構造について学ぶ．
《キーワード》　Python プログラミング，変数，順次，分岐，反復，データ型

7.1　プログラミング言語 Python

　プログラミング言語は様々なものがあるが，ここでは Python を用いてプログラムを示していく．Python はオランダ人のグイド・ヴァンロッサムが開発したプログラミング言語で，文法を単純化することによってプログラムの読みやすさを高め，初心者でもプログラムを書きやすくした汎用の高水準言語である．インタプリタ上で実行することを前提に設計されており，対話型のシェルを使うこともできる．変数を使う場合，C や Java などではあらかじめ整数や実数などのデータ型を宣言しなければいけないが，Python は変数の宣言が不要で，使用する時にデータ型を決める動的な型付けを行うので，手軽にプログラミングが可能である．一方で，手続き型，オブジェクト指向，関数型など，様々なプログラミングパラダイムに対応しているため，幅広い用途に利用できる言語である．また，利用可能なプログラムの部品（ライブラリ）が豊富で，機械学習などの応用分野のプログラミングにも広く利用されている．
　Python は，OS に合ったインストールパッケージを公式サイト[1]から

★1 ── https://www.python.org/

ダウンロードすれば簡単にインストールできるが，Google Colaboratory[2]など，インストールをせずに Web ブラウザで動作する環境を使うこともできる．

7.2 プログラムの制御構造

コンピュータで行う計算は順次，分岐（判断），反復（繰り返し）の3つの構造で記述できることが知られている（**構造化定理**）．これらはプログラムの流れを制御するものであるため制御構造と呼ばれており，多くのプログラミング言語で記述できるようになっている．ここでは，Python によるそれぞれの構造の記述方法を説明する．

7.2.1 順次構造

順次構造は特別な構造ではなく，プログラムが書かれた順に実行されるという基本的な構造である．

順序の重要性について，ここでは簡単な，

$$3 + 6 \times 8$$

という式の計算を例にとって見ていく．この計算は足し算を先にするのか，掛け算を先にするのかによって 2 通りの計算ができる．図 7.1 はその 2 通りの計算をプログラムとしたものである．

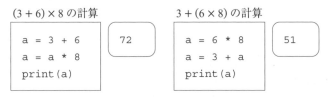

図 7.1 順序による計算結果の違い

---

[2] ── https://colab.research.google.com/

図 7.1 の左は足し算を先にした $(3+6) \times 8$ の計算を，右は掛け算を先にした $3+(6 \times 8)$ の計算をしている．Python で用いる算術演算子には表 7.1 のようなものがある．+ や - は私たちが普段使っているものと同じであるが，掛け算は × ではなく *，割り算は ÷ ではなく / を使う．また，割り算を，小数点以下を切り捨てた商と，余りに分けて計算することもできる．

表 7.1 Python の算術演算子

演算子	意味	演算子	意味
+	足し算	/	割り算
-	引き算	//	商（小数点以下切り捨ての割り算）
*	掛け算	%	余り
**	べき乗		

図 7.1 のプログラムの 1，2 行目は『=』の右側（右辺）の計算結果を左側（左辺）の変数 a の値とする**代入**と呼ばれる操作である．**変数**とは，計算の結果やそれに用いる値を，名前をつけてコンピュータに記憶するものである．変数は，そこに納められたデータが整数なのか，実数なのか，文字列なのかなどを区別する**データ型**をもっている．多くのプログラミング言語では型を指定して変数を使うが，Python では変数の型は初めて値が代入された時に定まる．図 7.1 のプログラムでは，ともに 1 行目で変数 a への代入を行っているが，右辺は整数同士の足し算 3 + 6 や掛け算 6 * 8 であるので，その結果は整数となり，変数 a はこれ以降で整数型の変数として扱われるようになる．また，2 行目のように右辺に左辺と同じ変数がある場合は，その前の行までの変数の値を使って

計算した結果が左辺に上書きされる．左のプログラムでは1行目でaの値が9になり，2行目で9 * 8が計算され，aの値は上書きされて72となる．また，右のプログラムでは1行目でaの値が48になり，2行目で3 + 48が計算され，aの値は51となる．この結果は，3行目に書かれているprint関数によって実行結果として表示される．**関数**とは入力を受け取り，何らかの処理を行い，必要に応じてその出力を返す一連の処理のまとまりである．関数は自分で作ることもできるが，print関数はPythonにあらかじめ用意されている**組み込み関数**である．関数名printに続く（ ）の中に書かれたものは**引数**と呼ばれ，これが関数への入力となる．ここではaが引数に書かれているので，変数aの値が表示される．

この例のように計算は順序により結果が異なる場合があるため，プログラムにおいてもその実行順が重要になる．私たちは四則演算の決まりとして，掛け算や割り算は足し算や引き算よりも先に計算すること，足し算や引き算，掛け算や割り算同士ならば左から順番に計算することを知っている．したがって，$3+6\times8$の計算は，図7.1の右のプログラムに書かれた順序の計算となる．実のところ，プログラミング言語も同様の規則で計算を行う．以下のように1つの式でプログラムを書けば，計算結果は51となる．

```
print(3 + 6*8)
```

7.2.2 分岐構造

いろいろな計算を1つのプログラムで行うためには，順に実行するだけではなく，その時点の計算経過などを見て場合分けをしなければいけないことが起こる．これを実現するのが**分岐構造**である．

図 7.2 は，入力された最高気温の数値を見て，25℃以上の夏日である
かを判定するプログラムである．条件分岐を行う **if 文**は図 7.3 のよう
に記述する．キーワード if の後に記述された不等式などの「条件」が
成立していれば，**インデント**（字下げ）されてまとめられた処理（**ブロッ
ク**）を実行し，成立しなければ実行しないという構造となっている．ま
た，else 節（if と先頭を揃えた else:）を付けることによって，条
件が成立しなかった時に実行する処理を指定することもできる．一般の
プログラミング言語でブロックは，"{" と "}" など，特定の記号や文字
列でブロックの先頭と末尾を囲むことが多いが，Python では同じ空白
の文字数でインデントされて並んだ文をブロックとみなすこととなって
いる．インデントはそれぞれのブロックで揃えたものであれば動作する
が，Python のコーディングスタイルのガイドラインである PEP8 では 4
文字の空白とされている．

```
t = int(input("最高気温を入力してください:"))
if t >= 25:
    print("夏日です")
```

```
最高気温を入力してください: 28↓(入力)
夏日です
```

```
最高気温を入力してください: 23↓(入力)
```

図 7.2　夏日を判定するプログラム

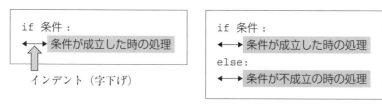

図7.3　if文

　条件には変数や計算式を，等しい==[3]，等しくない!=，不等号>，>=，<，<=などで比較した式が入る．条件の後には必ず":"を書かなければいけない．また，条件の式を，「かつ」を表す"and"や「または」を表す"or"で結び，複合した条件を書くことも可能である．このプログラムでは，1行目で組み込み関数inputによりキーボードから最高気温の値を得て，変数tに代入している．ここでは" "（ダブルクォーテーション）で囲まれた**文字列**[4]を関数inputの引数としている．この文字列は入力を促すためのメッセージ（プロンプト）となる．input関数ではキーボードからの入力が文字列として得られるので，それを組み込み関数intにより整数に変換してtに代入している．そのtの値が25以上かどうかという条件を判定し，満たせば「夏日です」というメッセージを表示する．

　また，図7.4のプログラムのようにelse節を付けることによって，条件が成立しなかった時に実行する処理を指定することもできる．さらに，elif節（elif 条件:）を使うことにより，多分岐の構造を書くことができる．図7.5は多分岐構造を用いて真夏日の判定を加えたプログラムである．最初にtの値が30以上かどうかという条件を判定し，それが成立しない時は再びtの値が（30より小さく）25以上かどうかという条件を判定している．このような追加の判定文はいくつでも増やすことができるので，より多くの場合分けが可能である．

★3 ── =が代入に用いられるので，他のプログラミング言語でも等しいかどうかを比較する演算子には==が使われることが多い．
★4 ── ' '（シングルクォーテーション）で囲んで表すこともできる．

```
t = int(input(" 最高気温を入力してください :"))
if t >= 25:
    print(" 夏日です ")
else:
    print(" 暑くありません ")
```

```
最高気温を入力してください : 23↓   ( 入力 )
暑くありません
```

図 7.4　条件が成立しなかった時の処理も加えたプログラム

```
t = int(input(" 最高気温を入力してください :"))
if t >= 30:
    print(" 真夏日です ")
elif t >= 25:
    print(" 夏日です ")
else:
    print(" 暑くありません ")
```

```
最高気温を入力してください : 31↓   ( 入力 )
真夏日です
```

図 7.5　多分岐構造を使ったプログラム

7.2.3　反復構造

　$3+6 \times 8$ のような簡単な計算でも，それを人間が一度に 100 回行うとすると時間がかかり，疲れて計算を間違うこともあるだろう．コンピュータで計算を行うことの一番の意義は，高速に繰り返して正確に計

算できることにある．これをプログラムで実現するのが**反復構造**である．

図 7.6 は 1 から 10 までの和を求めるプログラムである．**while 文**は図 7.7 のように記述し，条件が成立している間，インデントされているブロックの中の処理を繰り返し実行する．

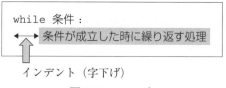

```
a = 0
i = 1
while i <= 10:
    print(i, " を加算 ")
    a = a + i
    i = i + 1
print(" 計算結果：", a)
```

1 を加算
2 を加算
3 を加算
4 を加算
5 を加算
6 を加算
7 を加算
8 を加算
9 を加算
10 を加算
計算結果：55

図 7.6　1 から 10 までの和を求めるプログラム（1）

while 条件：
　　条件が成立した時に繰り返す処理

インデント（字下げ）

図 7.7　while 文

図 7.6 において a は計算結果を納める変数で，初期値は 0 とし，繰り返しの中で変数 i に入った値 1 ～ 10 を順に足していく．i は初期値を 1 とし，ブロックの最後の『i = i + 1』で値が 1 ずつ加えられ，10 以下の間は繰り返しのブロックが実行されるので，『a = a + i』で 1

から10までの値が順に加算されることになる．このプログラムでは，途中経過として何の値が加算されているかを『print(i, "を加算")』で表示している．print関数は引数を","で区切って渡すことにより，複数の数や文字列を表示することができる．繰り返し処理が終わった後，計算結果としてaの値を表示してプログラムは終了する．

　繰り返しの構造を書く文にはもう1つの形式がある．図7.8は **for文** を使って図7.6を書き換えたプログラムである．for文は，図7.9のように記述し，**反復可能オブジェクト**で指定されたデータを順に変数に代入して，繰り返しの処理を行うものである．

```
a = 0
for i in range(1, 11):
    print(i, "を加算")
    a = a + i
print("計算結果:", a)
```

図7.8　1から10までの和を求めるプログラム（2）

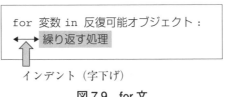

図7.9　for文

　反復可能オブジェクトとは，次章で紹介するリストなど，データが順に並び，要素を1つずつ返せるものである．図7.8で用いられている組み込み関数 range は「第1引数」から「第2引数-1」までの連続した数字の列を生成する関数[5]で，forと組み合わせてよく使われる．

★5 ―― 引数を1つのみにした場合は，第2引数のみを指定したことになり，0から「第2引数-1」の数が生成される．

第 7 章 基本的なプログラミング | **123**

『range(1, 11)』では 1 から 10 までの連続した数字の列が生成され，それが順に i に代入され，繰り返し処理が行われる．したがって，while を使った図 7.6 と同じ処理が行われることになる．

range 関数で生成する数の列は標準では 1 ずつ増えるが，第 3 引数で増分を指定することができる．したがって，図 7.10 のように 2 ずつ増やして，2 から 10 までの偶数のみの和を求めることができる．また，range 関数の引数は，他の値や変数，式などに自由に変更できる．したがって，図 7.11 のように入力 n を得て，第 2 引数を n+1 とすることによって，1 から n までの和を求めるプログラムを作ることも容易である．

```
a = 0
for i in range(2, 11, 2):
    print(i, " を加算 ")
    a = a + i
print(" 計算結果 :", a)
```

```
2 を加算
4 を加算
6 を加算
8 を加算
10 を加算
計算結果 : 30
```

図 7.10　2 から 10 までの偶数の和を求めるプログラム

```
n = int(input("nを入力してください :"))
a = 0
for i in range(1, n + 1):
    a = a + i
print("1 から ", n, " までの和は ", a)
```

```
nを入力してください : 10000↓    （入力）
1 から 10000 までの和は 50005000
```

図 7.11　1 から入力した数までの和を求めるプログラム

和は公式を使えば人間の手でも簡単に計算できるが，階乗

$$n! = n \times (n-1) \times (n-2) \times \cdots \times 2 \times 1$$

の計算は n が増えれば容易ではない．図 7.12 は階乗を求めるプログラムであるが，これは和を求めるプログラムを少し書き換えるだけで簡単に作ることができる．表示を除いた変更点は，以下の 3 点のみである．

- 計算結果を憶えておく変数 a の初期値を 1 とする．
- i を n から 1 まで，増分を −1 として繰り返すようにする[6]．
- 繰り返しの中での計算を掛け算とする．

```python
n = int(input("nを入力してください:"))
a = 1
for i in range(n, 0, -1):
    a = a * i
print(n, "の階乗は", a)
```

```
nを入力してください：10↓　（入力）
10　の階乗は3628800
```

図 7.12　階乗を求めるプログラム

7.3　入れ子構造のプログラム

分岐や反復の構造の中にさらに分岐や反復の構造が入ることを**入れ子構造**（ネスト構造）と呼ぶ．制御構造は順次，分岐，反復の 3 つのみであっても，入れ子構造とすることにより複雑な流れのプログラムを作ることができる．

---

[6] —— 増分を負にした場合は「第 1 引数」から「第 2 引数 +1」までの数の列を生成する．また，このプログラムでは定義どおりに n から 1 までの積を計算しているが，1 から n までの積としても計算結果は同じである．

7.3.1 九九の表を作る

九九の表は 1 から 9 までの段があり，それぞれの段で 1 から 9 までの掛け算を行う．これを行う手順は，

> 1 から 9 の段まで繰り返す
> > 1 から 9 の列まで繰り返す
> > > 段と列を掛け算して表示する
> > 表示を次の行にする（改行する）

となり，繰り返しの中に繰り返しがある構造となる．これをプログラムとしたものが図 7.13 である．このプログラムでは，段の繰り返しを変数 y を使って書き，列の繰り返しを変数 x を使って書いている．その繰り返しの中では，x * y の計算結果を出力している．ここでは 1 行にその段の数を続けて出力したいので，組み込み関数 str を使って x * y の計算結果を文字列に変換し，文字列を結合する演算子 +[7] を使って空白文字 1 つを後ろに付けて表示している．その際，改行を行わないようにするため，print 関数の引数に『end=""』を指定している[8]．ただし，それぞれの段の最後では改行を行う必要があるので，x の繰り返しの後に改行のみを表示するための『print("")』を実行するようにしている．

図 7.13 で出力した九九の表は縦方向に数字が揃っていないため，見にくいものとなっている．これは，計算結果が 1 桁のものと 2 桁のものが混じっているからである．これを改良するためには，1 桁の数，すなわち 9 以下ならば，空白を 1 文字出力してから計算結果を出力すればよい．このための分岐処理を追加したプログラムが図 7.14 である（3 〜 4 行目）．

---

[7] —— 演算子 + は，文字列同士では足し算ではなく，結合演算子となる．数値と文字列は型が異なるため，+ で演算するとエラーとなる．

[8] —— これは，print の最後の出力（end）を，標準の改行ではなく空文字列（""）にするという指定で，これにより改行を行わないようになる．

```
for y in range(1, 10):
    for x in range(1, 10):
        print(str(x * y) + " ", end="")
    print("")
```

```
1 2 3 4 5 6 7 8 9
2 4 6 8 10 12 14 16 18
3 6 9 12 15 18 21 24 27
4 8 12 16 20 24 28 32 36
5 10 15 20 25 30 35 40 45
6 12 18 24 30 36 42 48 54
7 14 21 28 35 42 49 56 63
8 16 24 32 40 48 56 64 72
9 18 27 36 45 54 63 72 81
```

図 7.13　九九の表を出力するプログラム（1）

```
for y in range(1, 10):
    for x in range(1, 10):
        if x * y <= 9:
            print(" ", end="")
        print(str(x * y) + " ", end="")
    print("")
```

```
1  2  3  4  5  6  7  8  9
2  4  6  8 10 12 14 16 18
3  6  9 12 15 18 21 24 27
4  8 12 16 20 24 28 32 36
5 10 15 20 25 30 35 40 45
6 12 18 24 30 36 42 48 54
7 14 21 28 35 42 49 56 63
8 16 24 32 40 48 56 64 72
9 18 27 36 45 54 63 72 81
```

図 7.14　九九の表を出力するプログラム（2）

7.3.2 FizzBuzz 問題

"FizzBuzz" とはグループで遊ぶゲームで，円状に並んだプレイヤーが順に 1 から数を数えていく．ただし，3 の倍数ならば数ではなく "Fizz"，5 の倍数ならば "Buzz"，3 の倍数かつ 5 の倍数である 15 の倍数であるならば "FizzBuzz" と言わなければいけない．このゲームは英語圏の国で遊ばれているゲームであるが，これと同等のことをプログラムで書かせることがプログラマ志願者の適性を見分ける手法として提案されたことで，日本でもよく知られている．

図 7.15 は 1 から 100 までの FizzBuzz をプログラムとした時の誤答の例である．このプログラムは，素直に i を 3 で割った余り（i % 3）が 0 かどうかで 3 の倍数かを判断して "Fizz" を表示し，そうでない時に 5 の倍数かを判断して "Buzz" を表示し，そうでない時に 15 の倍数かを判断して "FizzBuzz" を表示するようにしたプログラムである．し

```python
for i in range(1, 101):
    if i % 3 == 0:
        print("Fizz")
    elif i % 5 == 0:
        print("Buzz")
    elif i % 15 == 0:
        print("FizzBuzz")
    else:
        print(i)
```

```
1
2
Fizz
4
Buzz
Fizz
7
8
Fizz
Buzz
11
Fizz
13
14
Fizz
16
...
```

図 7.15　FizzBuzz プログラム（誤）

かし，15 の倍数の時は 3 の倍数でもあるので "Fizz" のみを表示して次の数に移ってしまうため，このプログラムは誤りである．

これを修正したものが図 7.16 である．最初に 15 の倍数であるかを判断して "FizzBuzz" を表示するようにすれば，15 の倍数の場合の表示が正しくなり，かつ，3 や 5 の倍数の場合も問題なく表示できる．

また，FizzBuzz の解法は 1 通りではない．図 7.17 はまず 3 の倍数であれば "Fizz" を改行なしで表示し，次に 5 の倍数であれば "Buzz" を改行なしで表示する．3 と 5 の倍数の判定を elif を使わず，それぞれ独立した if 文で処理しているので，15 の倍数の場合は "Fizz" と "Buzz" が続けて表示され，結果が "FizzBuzz" となる．その後，独立した if 文で，3 の倍数でなく（i % 3 != 0），かつ（and），5 の倍数でもない（i % 5 != 0）場合は数を表示する．そうでない場合は，すでに文字列が表示されているので，空文字列を表示し，改行のみを行う．

```python
for i in range(1, 101):
    if i % 15 == 0:
        print("FizzBuzz")
    elif i % 3 == 0:
        print("Fizz")
    elif i % 5 == 0:
        print("Buzz")
    else:
        print(i)
```

```
1
2
Fizz
4
Buzz
Fizz
7
8
Fizz
Buzz
11
Fizz
13
14
FizzBuzz
16
...
```

図 7.16　FizzBuzz プログラム（正）

```
for i in range(1, 101):
    if i % 3 == 0:
        print("Fizz",end="")
    if i % 5 == 0:
        print("Buzz",end="")
    if i % 3 != 0 and i % 5 != 0:
        print(i)
    else:
        print("")
```

図7.17　FizzBuzz プログラム（別解）

　FizzBuzz 問題は，そのままではプログラミング能力を測るためには簡単な問題であるが，「剰余を使わず解け」などの条件を付けることにより，難しい問題とすることができる．図7.18 は剰余を使わない FizzBuzz プログラムである．このプログラムでは，数え上げの過程で，次に "Fizz" と表示すべき数を管理する変数 n3 を用意し，初期値を 3 とする．繰り返し処理の最初に変数 fizz を空文字列にしているが，1 から順に数え上げている変数 i が 3 となった場合，fizz に "Fizz" を代入し，n3 に 3 を加え 6 とする．これを繰り返していけば，100 までのすべての 3 の倍数で fizz に "Fizz" が代入される．n5 と buzz に関しても同様に処理を行うと，5 の倍数で buzz に "Buzz" が代入される．表示部は変数 fizz や buzz が等しい，すなわち，どちらも空文字列のままであれば数を表示し，そうでなければ fizz と buzz の内容を続けて表示する．15 の倍数の場合は fizz にも buzz にも文字列が設定されているので，表示は "FizzBuzz" となる．

```
n3 = 3
n5 = 5
for i in range(1, 101):
    fizz = ""
    buzz = ""
    if i == n3:
        fizz = "Fizz"
        n3 = n3 + 3
    if i == n5:
        buzz = "Buzz"
        n5 = n5 + 5
    if fizz == buzz:
        print(i)
    else:
        print(fizz + buzz)
```

図 7.18　FizzBuzz プログラム（剰余を使わない）

演習課題

[7.1] 夏日，真夏日の判定に加え，最高気温が 35℃ 以上ならば猛暑日と表示するようなプログラムを作成せよ．

[7.2] 1 から 100 までの指定された数の倍数をすべて出力し，また，その和も出力するプログラムを作成せよ．

[7.3] 九九の表（$1 \times 1 \sim 9 \times 9$）をインド式の $1 \times 1 \sim 20 \times 20$ に拡張した表を出力するプログラムを作成せよ．表の出力は図 7.14 のプログラムのように縦方向に数字が揃うようにすること．

[7.4] 次のプログラムの出力はどうなるか．プログラムを実行せずに書き出せ．

```
for i in range(1, 16):
    if i % 2 == 0:
        print(" ちゃう ")
    elif i % 5 == 0:
        print(" ちゃうん ")
```

8 | 応用プログラミング

西田　知博

《目標＆ポイント》　多くのデータを変数に納めて扱う場合，それをまとめて
扱うためのデータ構造が重要になる．本章では，それらのデータ構造につい
て学ぶ．また，Python は利用可能なライブラリが豊富であるため，すべて自
分でプログラムを書かなくても様々な処理を行うことができる．ここでは，
外部ライブラリを使ったグラフの描画や WebAPI の利用についても見ていく．
《キーワード》　配列，リスト，ディクショナリ，ライブラリ，WebAPI

8.1　配列とリスト

8.1.1　配列

　前章で学んだように，プログラムでは変数に値を記憶させ，それを計
算や条件判断に用いることで様々な処理を行う．では，多くのデータを
変数に納めて扱うにはどうすればよいだろうか．

　扱うデータが少なければ，それらに a，b，c，…というように異なる
名前の変数を用意してもいいが，100 個のデータを扱おうと考えると，
異なる変数名をつけるのは手間であるし，どの変数にどのデータがある
のかがわかりにくい．そこで，規則性をもたせたデータを扱うために，
一般的なプログラミング言語では，変数名とそれが何番目であるかを表
す添字を組にして一列に並んだデータを扱う構造である**配列**が用意され
ている．図 8.1 の例では，配列の変数名が A で，それと [ ] で囲った
添字がセットとなって，個別の変数を表すこととなる．添字は変数や式
で指定してもいいので，for 文で変化する変数を含めるなど，繰り返

し処理の中で変化する式を添字に含めることにより，効率のよいプログラムを書くことができる．

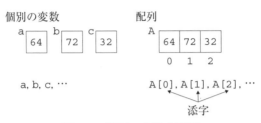

図 8.1　個別の変数と配列

8.1.2　リスト

　Pythonでは一般に，配列の代わりにより柔軟に扱えるデータ構造である**リスト**が用いられる[1]．一般的なプログラミング言語で用いられる配列は，同じ型のデータをあらかじめ宣言した個数だけ並べて使用する．それに対してリストは，任意の型のデータを順序のみを決めて並べるもので，あらかじめ個数を決めておく必要はなく，必要に応じてデータの追加，削除が柔軟にできる．また，データへの参照は配列と同様に行うことができる．

　図8.2では最初の行でaにリストが代入され，以降ではリスト型の変数として扱われることとなる．リストは "[ ]" 内に，要素を ", " で区切って並べる．リストの要素は他のプログラミング言語の配列と同様に変数名と添字によって参照できる．添字はリストに並んだ順に0から付き，それぞれのデータはa[0], a[1], a[2], …として参照できる．したがって，このプログラムでは，a[2] に入った3番目のデータ32と，a[8] に入った9番目のデータ26を足した結果がtotalに代入され，結果として58が出力される．

★1 ── 他言語と同様の同じ型のデータのみを並べる「配列」も標準ライブラリのarrayモジュールを読み込むことによって利用できる．

```
a = [64, 76, 32, 97, 69, 38, 15, 96, 26, 37]
total = 0
total = a[2] + a[8]
print(total)
```

```
58
```

図8.2 リストの代入と参照

一般に配列は同じ型のデータしか並べることができないが，Python
のリストは異なる型のデータを並べて1つの変数として扱うことができ
る．図8.3は，s[0]に文字列型の名前，s[1]，s[2]に整数型の身長
と体重のデータを並べた例である．

```
s = ["Satoh", 188, 82]
print(s[0], "さんの身長は ", s[1], "cm")
print(s[0], "さんの体重は ", s[2], "kg")
```

```
Satoh さんの身長は 188 cm
Satoh さんの体重は 82 kg
```

図8.3 異なる型の値が並んだリスト

リストにデータの追加や削除を行うためには，リストの変数の後に
".”を付け，操作のための**メソッド**を記述する．末尾に新たな要素を加
えるメソッドは append で，図8.4のように最初に a を，空のリスト []
を代入することによりリスト型の変数とし，繰り返し処理を使って値を
順に追加して，リストに並ぶ値を設定していくことが可能になる．また，

第8章　応用プログラミング | **135**

メソッド pop は指定した位置のデータを削除して，その値を戻り値と
して返すものである．この例では0から数えて位置3のデータ7がリ
ストから削除され，その値がpに代入されている．同じ削除でもメソッ
ド remove は，引数に指定された値をリスト中から削除する．また，
位置を指定してデータを挿入する insert，リストを逆順に並べる
reverse などのメソッドがある．

```python
a = []                  # 最初は空のリスト
# 奇数を1から順に10個，リストに追加していく
for i in range(1, 11):
    a.append(2*i - 1)
print(a)
p = a.pop(3)            # 位置3の値を取り出して削除
print(a, p)            # 削除した後のリストと取り出した値を表示
a.remove(13)           # 値13をリストから削除
print(a)
a.insert(3, 8)         # 位置3に値8を追加
print(a)
a.reverse()            # リストを逆順にする
print(a)
```

```
[1, 3, 5, 7, 9, 11, 13, 15, 17, 19]
[1, 3, 5, 9, 11, 13, 15, 17, 19] 7
[1, 3, 5, 9, 11, 15, 17, 19]
[1, 3, 5, 8, 9, 11, 15, 17, 19]
[19, 17, 15, 11, 9, 8, 5, 3, 1]
```

図 8.4　いろいろなリスト操作[2]

★2 —— Python では，プログラム中にコメントを書くために「#」を用いる．# 以降，
行末までに書かれた文字列はコメントとして扱われ，プログラムには影響を与えな
い．

8.1.3 リストの値の参照

図 8.5 の 3 つのプログラムは，リストの値をすべて加えた合計を求めるプログラムである．1 つ目のプログラムでは，リスト a が 10 個の値をもつので，for i in range(10): と書くことによって，繰り返し処理の中で a[i] として a[0] 〜 a[9] の値を参照できる．そこで，a[i] を変数 total に加えていくことにより合計を求めることができる．しかし，このプログラムはリストのデータ数が 10 個であることに依存している[3]．そこで，リストのデータ数を得ることができる関数

```
a = [64, 76, 32, 97, 69, 38, 15, 96, 26, 37]
total = 0
for i in range(10):
    total = total + a[i]
print(total)
```

```
a = [64, 76, 32, 97, 69, 38, 15, 96, 26, 37]
total = 0
for i in range(len(a)):
    total = total + a[i]
print(total)
```

```
a = [64, 76, 32, 97, 69, 38, 15, 96, 26, 37]
total = 0
for n in a:
    total = total + n
print(total)
```

図 8.5　リスト内の値の合計を求める

---

[3] ── プログラムに直に数値を書き込むことを「ハードコーディング」といい，その数値は「マジックナンバー」と呼ばれる．マジックナンバーはプログラムを作った本人以外には何を表すものかわからなくなる危険性があるため，意味がわかる名前の変数に代入してから使うなどにより，使用を避けることが望ましい．

第8章 応用プログラミング | **137**

len を使うことによってリストのデータ数に依存しないプログラムとしたものが 2 つ目のプログラムである.

　ここまで説明した 2 つのプログラムでは，他のプログラミング言語の配列と同様の添字を使った参照を行っていた．しかし，Python では「**for 変数 in リスト :**」と書くことにより，リストの値を順に変数に入れて繰り返し処理を行うことができる．これを用いると，3 つ目のプログラムのように for n in a: と書き，繰り返し処理の中で n を total に加えることにより合計が計算できる.

8.1.4　2 次元配列

　2 つの添字を指定してデータにアクセスする配列を **2 次元配列**と呼ぶ．Python で 2 次元配列はリストを要素としたリストとして表現される．図 8.6 の data は，名前の文字列と 3 科目のテストの点数が並んだリストを 3 人分並べたリスト（2 次元配列）であり，このプログラムは各人の点数の平均を計算している．外側の繰り返しにおいて，len(data) は data の中にいくつのリストが並んでいるかを表すので，data[i] で表される各人のリストが順に処理されることになる．ここではまず，data[i][0] に名前が入っているのでそれを表示し，その後，点数の合計を計算するための変数 total を 0 に初期化している．続いて，内側の繰り返しにおいて，点数の合計を計算するが，点数が入っているのは data[i][1] からである．そこで，for 文に用いる range 関数の第 1 引数を 1，第 2 引数をリスト data[i] がもつ要素数 len(data[i]) とすることによって，点数が入っている data[i][1] から data[i][3] を順に total に加算していくことができる．加算した科目数は data[i] がもつ要素数から名前に使う 1 要素分を引いた数であるので len(data[i]) - 1 となる．したがって，平均点は total をこの式

で割ると求められ，それを表示している．

```
data = [["Satoh", 74, 91, 65],
        ["Suzuki", 69, 72, 84],
        ["Takahashi", 92, 67, 85]]
for i in range(len(data)):
    print(data[i][0])
    total = 0
    for j in range(1, len(data[i])):
        total = total + data[i][j]
    print(total / (len(data[i]) - 1))
```

```
Satoh
76.66666666666667
Suzuki
75.0
Takahashi
81.33333333333333
```

図8.6　2次元配列に入った成績データを計算する

8.1.5　ディクショナリ

　Pythonでは配列の添字に，番号ではなく文字列などのキーを使うことができる．これを**ディクショナリ**（辞書）と呼ぶ[4]．ディクショナリを使えば，データをそれに関連したキーによって取り出すことができるので，直感的なアクセスが可能になる．また，データが意味することが明確になるので，保守性も向上する．図8.7に示すようにディクショナリはキーと値を":"で区切って1セットとし，それらを並べたものを{ }で囲って表す．データへのアクセスはdata["Takahashi"]のように添字にキーを指定する．また，「**for 変数 in ディクショナリ.keys():**」という書式で，変数の中に順にディクショナリのキーを変数に入れて繰り返し処理を行うことができる．図8.7では，ディクショナリdataのキーが順に変数kに代入され，繰り返し処理が行われている．

★4 —— 他のプログラミング言語でも「連想配列」などの呼び方で同様の配列を扱うことができる．

第 8 章 応用プログラミング | **139**

```
data = {"Satoh" : 188, "Suzuki" : 183, "Takahashi" : 166,
        "Tanaka" : 172, "Itoh" : 176}
print(data["Takahashi"])
for k in data.keys():
    print(k, data[k])
```

※紙幅の都合で改行しているが，1 行で書いてもよい

```
166
Satoh 188
Suzuki 183
Takahashi 166
Tanaka 172
Itoh 176
```

図 8.7　ディクショナリとその参照

8.2　関数の定義

　ここまで Python があらかじめ用意している組み込み関数を使用してきたが，関数は自分で作ることもできる．

　関数の定義は図 8.8 のように def を使って行う．キーワード def の後，関数を呼び出すために使用する関数名を指定する[5]．その後，（ ）で囲み，引数を受け取る変数を記述する．この変数を仮引数と呼ぶ．関数呼び出し時に，指定された引数の値は仮引数として指定された変数に入り，その関数内で使用することができる．仮引数が複数ある場合は “,” を使い，並べて指定する．引数をとらない場合は（ ）の中に何も書かない．（ ）の後ろには “:” を書いて改行し，その後は if 文などと同じように，インデントされたブロックで関数として呼び出された時に実行する処理を記述する．

────────────────

★5 ── 混乱を避けるため，関数の名前を組み込み関数と同じ名前にすることは避けるべきである．

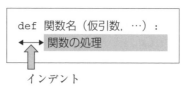

図 8.8　関数の定義

　図 8.9 は 2 つの引数で指定された間の整数を加算する関数を定義し，利用した例である．キーワード def の後の nsum が関数名で，引数は 2 つとり，それぞれが仮引数 s，e に入ることが宣言されている．関数の処理は変数 t に for 文を使って，range(s, e + 1) で生成される s から e までの値を順に加え，繰り返しが終わった後，t を return 文により戻り値として返す．このプログラムを実行すると，関数の部分は直接実行されず，関数外である print(nsum(3, 10)) が実行される．ここで，関数 nsum が呼び出され，引数として 3 と 10 が渡される．その結果 3 から 10 までの和が計算され，戻り値として返された 52 が print 関数で表示される．このように，使い回しができる処理を関数として作れば，それを何度でも再利用することができるので，プログラミングの効率を上げることができる．また，プログラムの記述が長くなった場合，その中のまとまった処理を関数として置き換えることによって，プログラムをわかりやすくすることができる．

```
def nsum(s, e):
    t = 0
    for i in range(s, e + 1):
        t = t + i
    return t

print(nsum(3, 10))
```

52

図 8.9　指定された範囲の数を加算する関数

図 8.10 は，引数として渡されたリスト中の数の合計を計算して戻り値として返す関数 total を定義したプログラムである．プログラムの実行は，関数外の data への値の代入から始まり，それを引数として関数 total に渡して，返ってきた計算結果を表示する．関数の中では，for n in a: とした繰り返しにより，n に引数で渡されたリストの値が順に代入されるので，これを t に加算していき，最終結果を戻り値として返している．

```
def total(a):
    t = 0
    for n in a:
        t = t + n
    return t

data = [64, 76, 32, 97, 69, 38, 15, 96, 26, 37]
print(total(data))
```

550

図 8.10　リストの値の合計を求める関数

8.3　データ処理と外部機能の利用

Python では，組み込み関数以外に様々な機能を提供するライブラリが作られ，利用可能になっている．また，WebAPI を使い，外部のサービスを使うこともできる．ここでは，ライブラリを利用し，データのグラフ描画と WebAPI の利用について見ていく．

8.3.1　グラフの描画

Matplotlib は Python のグラフ描画ライブラリである[6]．Matplotlib

★6 —— 外部ライブラリはインストールが必要だが，Google Colaboratory では標準的なライブラリがあらかじめインストールされている．

には様々なモジュール（関数をひとまとまりとして集めたファイル）が用意されているが，グラフの描画には matplotlib.pyplot を用いる．モジュールの中の関数を使うためには import 文を使って読み込み，**モジュール名.関数名**という形式で利用するが，モジュールの名前が長いためプログラムが読みにくくなってしまう．そこで，import 文の後に **as 別名** と書くことによって，**別名.関数名**という形式でその中の関数を使うことができる．図 8.11 の例は $y = x^2$ のグラフを描くプログラムであるが，ここでは別名 plt を用いて matplotlib.pyplot の関数を使うことができるようにしている．また，数値計算のモジュールNumPy を別名 np で使えるように import で読み込んでいる．続く，x = np.arange(0, 10, 0.1) では，NumPy の arange 関数により，0から 0.1 刻みで 10 未満の数を並べた配列[7]を生成し，x に代入している．続く，y = x ** 2 により[8]，x の各要素を 2 乗した要素が並んだ配列が生成され，それが y に代入される．その後，plt.plot(x, y) では，matplotlib.pyplot モジュールの plot 関数により，x を横軸方向，y を縦軸方向としたグラフを作成する．最後に，plt.show()

```
import matplotlib.pyplot as plt
import numpy as np

x = np.arange(0, 10, 0.1)
y = x ** 2

plt.plot(x, y)
plt.show()
```

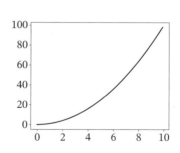

図 8.11　関数 $y = x^2$ のグラフの描画

---

[7] ——NumPy を読み込むことによって利用できる多次元配列（numpy.ndarray）が生成される．

[8] ——NumPy の配列に演算を行うと，すべての要素に同じ演算を行った配列が生成される．

により，グラフを画面に表示する．

図 8.12 は棒グラフを描画するプログラムである．リスト temp には
ある都市の月ごとの平均気温のデータが入っており，この変化を棒グラ
フとして表示している．plt.bar で棒グラフを描画しているが，この
第 1 引数に横軸方向，第 2 引数に縦軸方向の値を並べたもの[★9]を指定
する．ここでは，横軸は月となるので，range(1, 13) を x に代入し
て第 1 引数としている．また，縦軸は気温であるので，リスト temp を
指定している．

```
import matplotlib.pyplot as plt

temp = [6.5, 7.0, 13.0, 15.9, 20.0, 23.8, 28.9, 29.9,
        27.9, 19.3, 14.4, 9.3]
x = range(1, 13)
plt.bar(x, temp)
plt.show()
```

※紙幅の都合で改行しているが，
1 行で書いてもよい

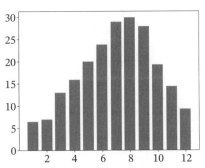

図 8.12　棒グラフの描画

図 8.13 はランダムなデータをもとに散布図を描画し，そのデータの
近似直線を描くプログラムである．x, y には，np.random.normal

[★9] —— array-like オブジェクトを指定することとなっており，リストや
range 関数で生成される数の列，NumPy の配列などが指定できる．

関数によって正規分布に従う乱数を生成し,代入している.この関数は,生成したい乱数の平均を第1引数,標準偏差を第2引数に指定し,第3引数に生成する個数を指定する.ここでは平均を50,標準偏差を10として,x, yにそれぞれ200個の乱数が並んだ配列を代入している.散布図はplt.scatter関数で,第1引数に横軸方向,第2引数に縦軸方向の値を並べたものを指定して描画する.近似直線はplt.plotで描画しており,第1引数は横軸方向の値としてxを指定している.第2引数は縦軸方向の値であるので,近似直線の式にxを代入した値としなければいけない.1次近似式を求めるためにもライブラリ関数が使え,np.polyfit(x, y, 1)により,x, yの1次近似式の傾きと切片が求められる.この傾きと切片の1次式にxのそれぞれの値を代

```
import matplotlib.pyplot as plt
import numpy as np

x = np.random.normal(50, 10, 200)
y = np.random.normal(50, 10, 200)

plt.scatter(x, y)
plt.plot(x, np.poly1d(np.polyfit(x, y, 1))(x), c="Red")
plt.show()
```

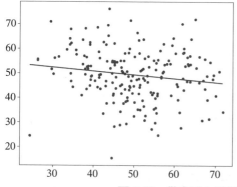

図8.13 散布図と近似直線の描画

第8章 応用プログラミング | **145**

入して計算したものの配列が，第2引数に書いた np.poly1d(np.
polyfit(x, y, 1))(x) によって生成される．第3引数の c="Red"
は，描画する近似直線の色を赤に指定するためのものである．

8.3.2 WebAPI の活用

異なるプログラムの間で機能を共有するための仕組みを，API（Application
Programming Interface）と呼ぶ．このような仕組みは Web サービスでも
用意されており，これを **WebAPI** と呼ぶ．WebAPI は Python のプログ
ラムから比較的容易に利用することができる．

図 8.14 は，郵便番号データ配信サービスの zipcloud が提供する郵便
番号検索 API を利用し，入力された郵便番号から住所を検索して表示
するプログラムである．Web サイトとの HTTP 通信ライブラリである
requests を利用し，requests.get 関数によって，指定された URL
から検索結果を得ている．get 関数の第1引数は，zipcloud の WebAPI
にリクエストする際に使用する URL である．第2引数は，params= で
渡すパラメータを指定する．検索結果は戻り値となり，res に得られ
る．パラメータには，パラメータ名をキーとし，値と組にしたディクショ
ナリを設定しておく．ここでのパラメータ名は "zipcode" で，値は入
力された郵便番号である．戻り値として得られた res の属性値 text
には，名前と値を組とした JSON 形式で Web サービスからのレスポン
スが入る．Python には JSON データを扱うライブラリが用意されている
ので，json.loads 関数を使い，このデータをディクショナリに変換し，
response に代入する．これにより，response["results"] に検索
結果の情報がディクショナリとして入る．ただし，結果は1つとは限ら
ないので，最初に返ってきた結果である response["results"][0]
を出力する検索結果とし，変数 address に代入する．この address

もディクショナリとなっており，フィールド "address1" には都道府県名，フィールド "address2" には市区町村名，フィールド "address3" には町域名が返ってくるので，これを連結して表示している．

```
import requests
import json

zip = input("郵便番号を入力してください：")

url = "http://zipcloud.ibsnet.co.jp/api/search"
param = {"zipcode": zip}

res = requests.get(url,params=param)
response = json.loads(res.text)
address = response["results"][0]

print(address["address1"] + address["address2"] +
        address["address3"])
```
※

郵便番号を入力してください：2610014 ↓   （入力）
千葉県千葉市美浜区若葉

※紙幅の都合で改行しているが，1行で書いてもよい

図 8.14　郵便番号から住所を検索する

演習課題

[8.1] 次のように定義されるフィボナッチ数列を 20 項生成するプログラムを作成せよ．また，それをもとに，引数に与えられた項数の数列を戻り値として返す関数をもつプログラムを作成せよ．

第 8 章 応用プログラミング | **147**

$$a_0 = 1, a_1 = 1$$
$$a_n = a_{n-2} + a_{n-1} \ (n \geqq 2)$$

[8.2] 図 8.6 のプログラムを科目ごとの平均を求めるように書き換えよ.

[8.3] FizzBuzz プログラムを作成するために，引数が 3 の倍数なら "Fizz"，5 の倍数の時 "Buzz"，15 の倍数の時 "FizzBuzz"，それ以外の時には引数に与えられた値をそのまま返す関数を作成し，それを使って 1 から 100 までの FizzBuzz プログラムを作成せよ.

[8.4] 図 8.12 のプログラムの plt.bar(x, temp) を plt.plot(x, temp) に変更して，気温変化の折れ線グラフを描画せよ．また，以下に示す別の 2 つの都市の月ごとの平均気温のデータを追加し，plt.plot で折れ線グラフを追加せよ.

```
temp2 = [-4.4, -2.7, 4.9, 9.2, 13.8, 19.3, 23.8, 26.7,    ※
         21.5, 13.3, 6.7, -0.7]
temp3 = [17.5, 19.0, 20.0, 22.5, 24.3, 27.2, 29.6, 28.6,    ※
         28.7, 26.0, 22.6, 19.7]
```

※紙幅の都合で改行しているが，1 行で書いてもよい

参考文献

[1] Bill Lubanovic『入門 Python 3 第 2 版』鈴木駿・監訳，長尾高弘・訳，オライリー・ジャパン，2021 年

[2] Wes McKinney『Python によるデータ分析入門 第 3 版』瀬戸山雅人，小林儀匡・訳，オライリー・ジャパン，2023 年

9 | いろいろなアルゴリズム

西田 知博

《**目標&ポイント**》 プログラムによる問題解決の手順は，一般的にはアルゴリズムと呼ばれる．本章では，データの探索や整列などのアルゴリズムと，Python を使った実装を学ぶ．また，計算量という考え方を取り上げ，効率について議論する．

《**キーワード**》 アルゴリズム，計算量，探索，整列

9.1 アルゴリズムとは

これまで Python を使ったプログラミングについて見てきたが，コンピュータで問題を解く手順はプログラミング言語によらず表現でき，これを**アルゴリズム**と呼ぶ．ここでは，アルゴリズムの定義とその意義について学ぶ．

9.1.1 アルゴリズムとは

コンピュータなどで計算が可能となるように，問題の解き方の手順を明確に示したものをアルゴリズムと呼ぶ．アルゴリズムは書き方に制約はないが，以下を満たして記述することが求められる．

- いくつかの基本的な操作を有限個並べて記述する．
- 各操作はあいまいさがなく理解できるもので，それぞれが有限時間で実行できる．

ここで述べている基本的な操作とは，プログラム言語で考えれば，演算や変数への代入などの命令や，条件分岐や繰り返しなどの制御構造に当

たるものである．ただし，書き方に制約はないため，あいまいさなく伝えることができる表現であれば記述法は自由である．ただし，その際に，操作が自明ではない計算や処理であってはならない．

アルゴリズムが満たすべき性質として，以下の 2 つがある．

- アルゴリズムによって求められた結果が正しいこと（**健全性**）．
- アルゴリズム全体が有限回の操作を実行して終わる（**停止性**）．

この 2 つの性質をアルゴリズムの**完全性**と呼ぶ．厳密な意味でのアルゴリズムは完全性を満たすことが求められるが，停止性を重視し，実用上問題がないほぼ正しい解を出す近似アルゴリズムなども存在する．

9.1.2 アルゴリズムの例

ここでは，最古のアルゴリズムとして知られる，最大公約数を求めるユークリッドのアルゴリズムを紹介する．

図 9.1 は自然数 a，b の最大公約数を求めるユークリッドのアルゴリズムを，日本語を用いたプログラミング言語のような表現である擬似コードで表したものと，Python のプログラム（a = 36，b = 24 としたもの）である．アルゴリズムを擬似コードのように人間が読みやすいもので作り，目的に応じてプログラムとして実装されることも多い．

```
aとbが等しくない間，繰り返す
    もしaがbより大きければ
        a - b をaの値とする
    そうでなければ
        b - a をbの値とする
最大公約数としてaの値を表示する
```

擬似コード

```
a = 36
b = 24
while a != b:
    if a > b:
        a = a - b
    else:
        b = b - a
print(" 最大公約数は ", a)
```

Python のプログラム

図 9.1 ユークリッドのアルゴリズム

このアルゴリズムを用いれば，36 と 24 の最大公約数は以下のように求められる．

①a = 36，b = 24 とおく

②a > b なので，a = 36 − 24 = 12 とする

③b > a となったので，b = 24 − 12 = 12 とする

④a = b となったので，a（および b）の値 12 が最大公約数

ユークリッドのアルゴリズムは a ≧ b であるとすれば，割り算を用い，図 9.2 のように表すことができる．2 つの数をお互いに割り算することによって最大公約数を求めるため，ユークリッドの互除法とも呼ばれる．

b が 0 でない間，以下を繰り返す
　　a を b で割った余りを新しい b とする
　　元の b を新しい a とする
最大公約数として a の値を表示する

図 9.2　ユークリッドのアルゴリズム（割り算を使用）

このアルゴリズムを使って 36 と 24 の最大公約数を計算すると，以下のようになる．割り算 a÷b は a から b を何回引けるかを調べることと等価であり，図 9.1 のアルゴリズムは割り算を引き算によって計算しているだけで，本質的には同じアルゴリズムである．

①36 > 24 なので a = 36，b = 24 とおく

②36÷24 の余りが 12 なので，b = 12，a = 24 とする

③24÷12 の余りが 0 なので，b = 0，a = 12 とする

④b = 0 となったので，a の値 12 が最大公約数

第9章 いろいろなアルゴリズム | **151**

このアルゴリズムを Python で実装したものが図 9.3 である. a, b を入力してもらうようにしているので, a ≧ b となるよう, a<b の時は a, b の値を入れ替える前処理を加えている.

```
a = int(input("aを入力してください: "))
b = int(input("bを入力してください: "))
if a < b:
    t = a      # 変数 t を媒介し, この 3 行で a,b の値を入れ替える
    a = b      # Python では以下のように 1 行で書くこともできる
    b = t      # a, b = b, a
while b != 0:
    t = b
    b = a % b
    a = t
print("最大公約数は " + str(a))
```

図 9.3 ユークリッドのアルゴリズム（Python, 割り算を使用）

9.2 計算量

1つの問題を解くためのアルゴリズムは複数存在する. アルゴリズムの良さを測る尺度の1つである計算量という考え方を紹介する.

9.2.1 アルゴリズムの評価

図 9.4 は a, b の最大公約数を求めるプログラムである. このアルゴリズムでは, a, b を 2 から順に, a, b のうち小さい方の数まで割り算していく. その過程で, どちらも割り切る数（公約数）が見つかるごとに, その数をここまでの最大公約数として変数 gcd に代入していき, 最終的な gcd の値を最大公約数とする. このアルゴリズムは単純でわ

かりやすいが，10179 と 24360 の最大公約数を求めようと思うと，(10179-1)×2=20356 回の割り算が必要となる．一方，ユークリッドの互除法を使った場合は，6 回の割り算で最大公約数を求めることができる．どちらのアルゴリズムを使っても問題を解くことはできるが，必要な計算の回数は大きく異なり，それに伴って，計算に必要な時間も大きく変化する．

```
a = int(input("aを入力してください："))
b = int(input("bを入力してください："))
if a < b:      # a,bのうち小さい方をeに
    e = a
else:
    e = b
gcd = 1
for i in range(2, e + 1):
    if a % i == 0 and b % i == 0:
        gcd = i
print("最大公約数は ", gcd)
```

図 9.4　単純な方法で最大公約数を求めるプログラム

　計算に使用するコンピュータ上の資源の量を**計算量**と呼ぶ．計算量には大きく分けて，計算に必要な時間を表す**時間計算量**と，必要なメモリの量を表す**空間計算量**の 2 つがある．通常，計算を行う際には，メモリの消費量よりも計算にかかる時間を重視することが多いので，単に計算量という場合は時間計算量を指すことが一般的である．以下では，単に「計算量」と書いた場合，時間計算量を指すこととする．

9.2.2 計算量の評価

アルゴリズムの計算量を評価する方法として，それをプログラムとし，コンピュータで実行してその時間を比較することが考えられる．しかし，実行時間はコンピュータの性能や環境に左右され，一般的にアルゴリズムの良し悪しを評価するためにはあまり適したものとはいえない．そこで，アルゴリズムの中で，全体の計算時間に主として影響を与えると思われる比較や演算などが何回行われるかを評価することが多い．前節での最大公約数を求めるアルゴリズムの評価では，割り算をして剰余を求める演算に着目し，その回数を比較した．

入力や用意するデータによって計算の内容が変化するアルゴリズムの場合，それによって演算の回数も当然，変化することになる．このため，与えられたデータを代表するパラメータを用いて演算の回数を表現し，比較が行われる．例えば，図 9.4 のアルゴリズムでは，最大公約数を求める数のうち小さい方を n とおけば，割り算の回数は $2 \cdot (n-1)$ となる．また，ユークリッドの互除法では，割り算の回数は最悪でも小さい方の数 n の 10 進法での桁数の 5 倍以内であるということが証明されている（ラメの定理）．n の桁数は $\lceil \log_{10} n \rceil$[★1] で表されるので，割り算の回数は最悪でも $5 \log_{10} n$ 以下となる．図 9.5 はこれをグラフにプロット

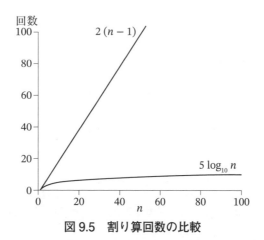

図 9.5　割り算回数の比較

したものである．これを見ると，n が増えれば，2 つのアルゴリズムの計算回数に大きな差が出ることがわかる．

9.2.3 オーダ

前項で述べたように，アルゴリズムの計算量は問題を代表するパラメータを用いた式（関数）で表し，評価する．このパラメータのことを一般に問題の大きさと呼ぶ．図 9.6 は，問題の大きさを n, 計算量を関数 $T(n)$ で表す時, 関数 $T(n)$ を $\log n$, $\sqrt{n}$, n, $n \log n$, $n\sqrt{n}$, n^2, 2^n（$\log$ の底は 2）としてグラフを描いたものである[2]．これを見るとわかるように，n が増えるに従って増加する度合いは関数によって大きく異なる．$\log n$ や $\sqrt{n}$ は他の関数に比べて値の増加が少なく，x 軸に張りつくようになっているため，グラフの形をほぼ見ることができない．一方で 2^n は急激に増加し，小さな n でグラフが範囲外に出てしまっている．

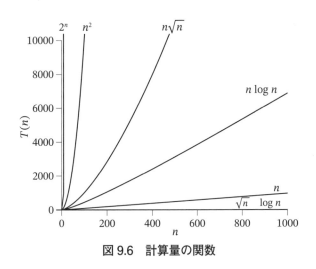

図 9.6　計算量の関数

★1 ── ⌈ ⌉（シーリング, Celling）は小数点以下を切り上げる記号である．
★2 ── 計算量の評価において，対数は 2 を底とすることが一般的である．

前項でも述べたように，アルゴリズムの実行時間はコンピュータの性能などに影響される．また，上で見たように計算量の項となり得る関数の増加率は大きく異なり，n が大きくなると，増加率の小さな項は大きな項と比べて無視してもよいぐらいのものにしかならない．したがって，多くのデータを扱うことを考えるアルゴリズムでは，計算量はその関数を詳細に求めてもあまり意味はなく，n が非常に大きくなった時にどう変化するかを考える**漸近的評価**を行うことが一般的である．これは，関数の中で主として増加する項（主要項）のみを考え，他の項は無視するという評価である．例えば，前項で考えた $2 \cdot (n-1) = 2n - 2$ という関数は，n が大きくなれば主要項 $2n$ が大きくなるので，-2 を無視しても評価に支障はない．また，係数の 2 もコンピュータ環境が変われば吸収されてしまう程度の差しか生じないので，無視して評価を行う．主要項から係数を除いたものを**オーダ**（Order）と呼ぶ．$T(n) = 2n - 2$ の場合，オーダは n で，$O(n)$ と表記する．$T(n) = 5 \log_{10} n = \dfrac{5}{\log 10} \log n$ の場合は，$O(\log n)$ となる．

オーダに関して正確な定義をすると，

$$T(n) \leqq cf(n), \quad n \geqq n_0$$

となるような定数 c，n_0 が存在する時，$T(n)$ は $O(f(n))$ となる．これは，n が一定以上大きくなればオーダとなる関数の定数倍以下になる（抑え込める）ことを示す．

9.3 探索アルゴリズム

データなどの中から，目的とするものを見つけることを**探索**（Search）と呼ぶ．辞書から単語を探したり，顧客データから目的の情報を見つけ出したり，インターネット上に存在する膨大な数の Web ページからキー

ワードを使ってページを検索したりするなど，探索は基本的かつ重要なコンピュータの仕事である．ここでは，探索アルゴリズムとその計算量を見ていく．

9.3.1 線形探索

　まず，順序どおりに並んでいないデータから目的の値（キー）と同じ値をもつものを探すことを考える．人間が探す場合には，全体をざっと見渡し，目的のものを見つけることが多いだろう．しかし，コンピュータでは「ざっと見渡す」というようなあいまいなことはできず，1度には2つの値を比較することしかできない．したがって，このようなデータで探索をするためには，図9.7のように，データと探している値を順に比較していくしかない．このような探索のアルゴリズムを**線形探索** (Liner Search) と呼ぶ．人間の場合でも，データ数が多い場合，漏れなく探索をすることを考えると，線形探索と同様に全部のデータを順に見ていくことが合理的である．

図 9.7　線形探索

　図9.8は線形探索を行うプログラムとその実行例である．データはリスト Data の中に順に収められている．for n in Data: では，リスト Data のデータが先頭から順に変数 n に入り，繰り返してキー a と比較することによってデータを探すというアルゴリズムになっている．このプログラムは変数 i で何番目のデータを調べているかを管理し，

第 9 章　いろいろなアルゴリズム　│　**157**

目的とするデータを発見すれば，i を用いて何番目であったかを表示し，繰り返しを抜ける break 文により処理を終えるようになっている．したがって，同じ値をもつデータが複数あった場合は最初に見つかったもののみを表示する．また，繰り返しが終わった後に i がリストの要素数 len(Data) より大きい，すなわちリストの最後まで調べても目的の値が見つからなかった場合は「見つかりませんでした」と表示するようにしている．

```
Data = [871, 640, 982, 32, 365, 57, 349, 143,
        296, 106, 661, 249, 431, 918, 110, 759]
a = int(input("探す数を入力してください："))
i = 1
for n in Data:
    if n == a:
        print(i, "番目のデータで見つけました")
        break
    i = i + 1
if i > len(Data):
    print("見つかりませんでした")
```

探す数を入力してください：57↓　　（入力）
6 番目のデータで見つけました

図 9.8　線形探索のプログラムと実行例

　探索アルゴリズムにおいて問題の大きさはデータの数となる．また評価は繰り返しの主たる処理であるデータとキーとの比較回数で行う．データの数を n とした時，線形探索はキーが見つからないなど，最大（これを最悪の場合と呼ぶ）で n 個すべてのデータと比較しなければ，ア

ルゴリズムが終了しない．したがって，このアルゴリズムの計算量は
$O(n)$ である．アルゴリズムの評価は，最悪ではなく，平均の場合を考
えることもある．線形探索ではキーがデータに含まれているのならば，
比較の回数は $\frac{1}{2}n$ 回が期待できる．しかし，オーダを考えた場合，係
数は無視されるので，平均の場合も計算量は同じく $O(n)$ となる．

9.3.2　2分探索

　線形探索は，簡単ではあるが能率は悪い．しかし，データが小さいも
のから順（昇順）あるいはその逆順（降順）に並んでいるのであれば，
2分探索（Binary Search）を使い，効率をよくすることができる．

　2分探索の様子を図9.9に示す．このアルゴリズムは探索範囲を絞り
ながらデータを探索する．データをリストで扱う場合，データの位置は
添字で表すことができるので，図9.9では探索範囲の左端の添字を
left，右端の添字を right としている．最初はすべてのデータが探索
範囲なので，left は最初の添字である 0，right は最後の添字である
15 となる．また，そのブロックの中央の位置を mid で表す．ブロック
のデータの個数は偶数のこともあるので，その場合は左寄りの位置を指
すことにする．この時 mid は，left と right を加えて2で割り，小
数点以下は切り捨てることによって計算することができる．例えば，最
初の mid は $(0 + 15) \div 2 = 7.5$ なので，7 となる．この mid の位置で前
半と後半のブロックに分割する．次の段階でどちらのブロックを選ぶか
は，mid の位置にある値によって決める．まず，mid の位置にある値
がキーの値と一致すれば，探索は終了である．そうでない場合，キーが
mid の位置の値よりも小さければ前半のブロックを，大きければ後半
のブロックを，それぞれ選ぶ．この際，前半のブロックを選ぶ場合は
right を前半ブロックの最後の添字を指すように更新し，後半のブロッ

クを選ぶ場合はleftを後半ブロックの最初の添字を指すように更新する．そして，次の段階では，大きさが半分であるどちらかのブロックに対して，また同じ手順を繰り返す．最悪の場合でもブロックの大きさが1(最小単位)になった段階で探索は成功あるいは不成功として終了する．

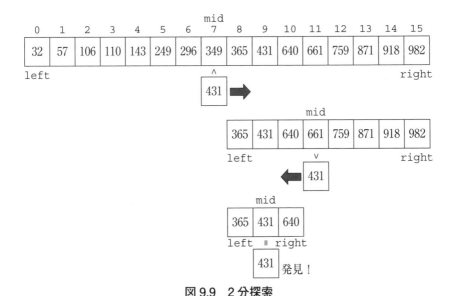

図9.9　2分探索

図9.10は2分探索を行うプログラムである．rightの初期値はリストの最後の添字とするが，添字が0から始まるのでリストDataの要素数len(Data)から1減じたものとなる．whileを用いた繰り返しの処理では(left + right) // 2で計算される添字midにあるデータの値とキーを比較する(このプログラムでは探索の過程を示すために，どのデータと比較したかを表示するようにしている)．一致すれば，それが何番目（先頭を1番目とするので添字＋1）のデータであるかを表

示し，繰り返しを終了する．a < Data[mid] であれば，探索範囲を
前半のブロックのみとするので，right を mid の左隣の mid - 1 に
更新する．それ以外ならば Data[mid] < a であるので，後半のブロッ

```
Data = [32, 57, 106, 110, 143, 249, 296, 349,
        365, 431, 640, 661, 759, 871, 918, 982]
a = int(input("探す数を入力してください : "))
i = 1
left = 0
right = len(Data) - 1
while left <= right:
    mid = (left + right) // 2
    print("Data[" + str(mid) + "] を調べています ")
    if Data[mid] == a:
        print(mid + 1, " 番目のデータで見つけました ")
        break
    elif a < Data[mid]:
        right = mid - 1
    else:                      # Data[mid] < a
        left = mid + 1
if left > right:
    print(" 見つかりませんでした ")
```

```
探す数を入力してください : 431↓   （入力）
Data[7] を調べています
Data[11] を調べています
Data[9] を調べています
10 番目のデータで見つけました
```

図 9.10　2 分探索のプログラムと実行例

クのみとし，left を分割の基準となる mid の右隣の mid + 1 に更新
する．繰り返しの処理は，mid の位置でキーの値が見つかった場合，も
しくはキーの値が見つからず，right が mid - 1 となって減るか，
left が mid + 1 となって増えることによって，left > right と
なってしまった場合に終了することになる．繰り返しの後，left >
right となっていた場合は「見つかりませんでした」と表示するよう
にしている．

　2 分探索では，探索のブロックを分割して値を探す繰り返しが主要な
処理となる．1 度の分割で探索ブロックを半分にすることができるので，
データ数が n であれば，1 度の分割で $\frac{n}{2}$，2 度の分割で $\frac{n}{2^2}$，3 度の分
割で $\frac{n}{2^3}$ というようにブロックが小さくなっていく．最悪の場合でも，
ブロックが 1 となれば探索は終了するので，繰り返しの最大数は $\frac{n}{2^x}$
$= 1$，すなわち $2^x = n$ となる x である．対数 $\log_a b$ は a を何乗すれば b
になるかを示すものであるため，繰り返しの最大数 x は $\log n$ で表され
る．以上から，2 分探索の計算量は $O(\log n)$ となる．図 9.6 に示したよ
うに，$\log n$ は n に比べ増加率が小さく，2 分探索は $n = 1000$ で 10 回，
$n = 10000$ でも 14 回の分割で探索が終了する効率のよいアルゴリズム
である．ただし，2 分探索はデータが順序よく一列に並んでいる必要が
ある．この準備のためにデータを並び替える必要があるので，その手間
を考えなければいけない．

9.4　データの整列

　データを一定の規則に従って並べることを，日本語では**整列**，英語で
は Sorting（ソーティング）という．整列の際に利用される順序は，数
値の大小，文字の順番（アルファベット順や五十音順）などである．数
値の大小の場合は，金額，学生証番号，品番，ISBN，日付，時間など

が利用されることもある．並べる順序としては，小さい数から大きな数や，五十音順で「あ」から始めて「ん」に向かう規則に従った順序が考えられるが，これを**昇順**と呼ぶ．一方で，大きな数から小さい数や，「ん」から始めて「あ」に戻る逆の順序を**降順**と呼ぶ．

コンピュータのCPUでは，データの全体を見て整列を行うことはできず，あくまでも，2つの数を比較することしかできない．ただし，その比較は非常に高速であり，また人間が行うよりも正確である．したがって，データを整列させる時のアルゴリズムは，私たち人間が素朴に考える方法に近いアルゴリズムだけでなく，コンピュータに適したアルゴリズムも存在し，その方が，高速に動作することがわかっている．ここではまず，人間にわかりやすいアルゴリズムから説明を始める．なお，以下では，数のデータを左から右に昇順に整列することを考える．

9.4.1 バブルソート

隣り合うデータの中で左より右が小さい時は，それらのデータと位置を交換する．これを右から左まで行うと，まず，最も小さいデータが一番左にたどり着く．次に，同じことを最も右から始めて左から2番目まで繰り返すと，2番目に小さいデータが左から2番目に移動する．このようにして，すべてのデータが昇順になるように整列させる．この小さいデータの挙動が，コップに入った水の泡が上っていく（この場合は左に移動する）ように見えるので，このような整列方法を**バブルソート**と呼ぶ．

バブルソートの過程の例を図 9.11 に示す．1 行目が初期状態で，「左から★までの部分」の泡が浮かび上がるように最小値の整列が終わったことを表している．

```
★ [5, 6, 4, 1, 3, 2]
[1, ★ 5, 6, 4, 2, 3]
[1, 2, ★ 5, 6, 4, 3]
[1, 2, 3, ★ 5, 6, 4]
[1, 2, 3, 4, ★ 5, 6]
[1, 2, 3, 4, 5, ★ 6]
```

図 9.11　バブルソート
1 行目が初期状態，最終行が終了状態.

バブルソートのプログラムを Python で書いたものを図 9.12 に示す.

```
def bubbleSort(a):
    n = len(a)
    for s in range(0, n - 1):
        print(a)
        for x in range(n - 1, s, -1):
            if a[x - 1] > a[x]:
                a[x], a[x - 1] = a[x - 1], a[x]

Data = [5, 6, 4, 1, 3, 2]
bubbleSort(Data)
print(Data)
```

図 9.12　バブルソートのプログラム

　Python のプログラムは，関数に含まれない部分から実行が始まるので，まずリスト Data に，整列するデータの代入が行われる．その後，関数 bubbleSort の引数に Data を指定し，整列した結果を表示する.

関数 bubbleSort

- リストを引数として受け取って，その中身を昇順に整列する．リストを引数として渡した場合，関数の中で値を書き換えると，元のリストの値も書き換わる．これは参照渡しと呼ばれ，引数としてリストが保管されている場所（アドレス）が渡されるため，関数の処理でもそのアドレスを使い，元のリストを直接操作することになる．

- n には引数として渡されたリストの大きさが代入される．

- 最初の for では，各段階で整列する範囲の左端の場所を s とし，0，1，…，n-2 まで変化させながら繰り返す．繰り返す処理の先頭では経過を見るため，データ全体を表示している．

- 2つ目の for の繰り返しにより隣り合う2つのデータの比較と交換を行う．ここでは比較するデータのうち右側の添字を x とし，これを n-1，n-2，…，s+1 と1ずつ減らして変化させながら処理を行う．

- この繰り返しの中で，a[x - 1] > a[x] が成立している時は，順序が違うので，この2つの変数を入れ替える．

バブルソートの計算量は，2重の繰り返しの中に置かれた比較の回数を評価するとよい．

- 1つ目の for では s に 0，1，2，…，n-2 が代入されて繰り返される．

  2つ目の for では x が n-1，n-2，…，s+1 となり，$(n-1) - (s+1) + 1 = n - s - 1$ 回繰り返される．

- よって，比較の総回数は，

第 9 章　いろいろなアルゴリズム　**165**

$$(n-1) + (n-2) + \cdots + 1 = \frac{n(n-1)}{2}$$

となる．

- ゆえに，バブルソートの計算量のオーダは $O(n^2)$ となる．

9.4.2　選択ソート

　選択ソートは，並び替えの対象となる範囲で最小の値を見つけ，それを左端のデータと交換することで，小さい値から順に値を並べていくアルゴリズムである．図 9.13 は，選択ソートの過程が進んでいく途中の様子である．1 行目が初期状態で，「左から★までの部分」の整列が終わったことを表している．

```
★ [5, 6, 4, 1, 3, 2]
[1, ★ 6, 4, 5, 3, 2]
[1, 2, ★ 4, 5, 3, 6]
[1, 2, 3, ★ 5, 4, 6]
[1, 2, 3, 4, ★ 5, 6]
[1, 2, 3, 4, 5, ★ 6]
```

図 9.13　選択ソート
1 行目が初期状態，最終行が終了状態．

　この選択ソートのプログラムを図 9.14 に示す．

```
def selectionSort(a):
    n = len(a)
    for s in range(0, n - 1):
        print(a)
        min_pos = s
        for x in range(s + 1, n):
            if a[min_pos] > a[x]:
                min_pos = x
        a[s], a[min_pos] = a[min_pos], a[s]

Data = [5, 6, 4, 1, 3, 2]
selectionSort(Data)
print(Data)
```

図 9.14 選択ソートのプログラム

　リスト Data に整列するデータを代入し，関数 selectionSort の引数に Data を指定し，整列した結果を表示する．

関数 selectionSort
- リストを引数として受け取って，その中身を昇順に整列する．
- n には引数として渡された配列の大きさが代入される．
- 最初の for では，各段階で整列する範囲の左端の場所を s とし，0，1，…，n-2 まで変化させながら繰り返す．繰り返す処理の先頭では経過を見るため，データ全体を表示している．
- その範囲での最小値が入っている添字を表す変数 min_pos を仮に範囲の先頭の s とする．
- 2つ目の for の繰り返しにより，変数 x を s+1，s+2，…，n-1 と1ずつ減らして変化させながら，a[min_pos] > a[x] が成

立している時は，その時点で a[x] が最小なので min_pos を x に更新する．

- 2つ目の for の繰り返しを終えた後に，a[s] と a[min_pos] の値を交換する．この時，s と min_pos が同じである時もあるが，同じ変数の値を交換するだけなので悪影響はない．

選択ソートの計算量も，2重の繰り返しの中に置かれた比較の回数を評価するとよい．

- 1つ目の for では s に 0，1，2，…，n-2 が代入されて繰り返される．
  2つ目の for では x が s+1，s+2，…，n-1 となり，$(n-1)-(s+1)+1=n-s-1$ 回繰り返される．
- よって，比較の総回数は，

$$(n-1)+(n-2)+\cdots+1=\frac{n(n-1)}{2}$$

となる．
- ゆえに，選択ソートの計算量のオーダは $O(n^2)$ となる．

9.4.3 挿入ソート

挿入ソートは，配列を左から右に部分的に整列しながら，右に見つけた新しいデータを，左側に交換しながら順序どおりの位置に挿入していくアルゴリズムである．図9.15 は，挿入ソートの過程が進んでいく途中の様子である．1行目が初期状態で，「左から★までの部分」の整列が終わったことを示している．

```
[5, ★ 6, 4, 1, 3, 2]
[5, 6, ★ 4, 1, 3, 2]
[4, 5, 6, ★ 1, 3, 2]
[1, 4, 5, 6, ★ 3, 2]
[1, 3, 4, 5, 6, ★ 2]
[1, 2, 3, 4, 5, 6 ★]
```

図 9.15　挿入ソート

1 行目が初期状態，最終行が終了状態.

この挿入ソートのプログラムを図 9.16 に示す.

```
def insertionSort(a):
    n = len(a)
    for s in range(1, n):
        print(a)
        for x in range(s, 0, -1):
            if a[x - 1] <= a[x]:
                break
            else:
                a[x], a[x - 1] = a[x - 1], a[x]

Data = [5, 6, 4, 1, 3, 2]
insertionSort(Data)
print(Data)
```

図 9.16　挿入ソートのプログラム

　リスト Data に整列するデータを代入し，関数 insertionSort の
引数に Data を指定し，整列した結果を表示する.

第9章　いろいろなアルゴリズム　│　**169**

関数 insertionSort

- リストを引数として受け取って，その中身を昇順に整列する．
- n には引数として渡されたリストの大きさが代入される．
- 最初の for では，各段階で新たに挿入したいデータの場所を s とし，1，…，n-1 まで変化させながら繰り返す．繰り返す処理の先頭では経過を見るため，データ全体を表示している．
- 2つ目の for の繰り返しにより，挿入するデータが入っている位置を表す変数 x を s，s-1，…，1 まで変化させる．繰り返しの中では挿入するデータの a[x] とその左の a[x - 1] を比較し，左の方が大きい，すなわち a[x - 1] > a[x] が成立している間，a[x] と a[x - 1] を交換する．a[x - 1] <= a[x] の時は a[x] が適切な位置に挿入されたことになるので，2つ目の for の繰り返しから break 文を使って抜ける．この挿入を右端のデータまで繰り返し，並び替えが終了する．

挿入ソートの計算量も，2重の繰り返しの中に置かれた比較の回数を評価するとよい．

- 1つ目の for では s に 1, 2, …, n-1 が代入されて繰り返される．2つ目の for では x が s，s-1，…，1 となり，break により中断されることもあるが，最大で s 回繰り返される．
- よって，比較の総回数は，

$$1 + 2 + \cdots + (n - 1) = \frac{n(n-1)}{2}$$

となる．
- ゆえに，挿入ソートの計算量のオーダは $O(n^2)$ となる．

9.4.4 総当たり整列法の比較

ここまでのソートは，2つの数のすべての組み合わせを確認（比較）するため，総当たり整列法と総称される．総当たりということは n 個のデータから2つを選ぶ組み合わせであるので，比較回数は ${}_nC_2 = n(n-1)/2$ 回となり，これにより計算量が $O(n^2)$ となる．

一方で，値の交換回数では異なる挙動を示す．

- バブルソートでは，配列が最初から降順（逆順）に整列されていた場合，比較のたびに値が交換されるため，値の交換は $n(n-1)/2$ 回行われる．
- 選択ソートでは，値の交換は s の値1つにつき1回しか発生しない．したがって，値の交換は n 回で済む．
- 挿入ソートでは，配列が最初から降順（逆順）に整列されていた場合，バブルソートと同じような回数の値の交換が発生する．

9.4.5 マージソート

次の状況を考えてみる．

- 学校で，2つのクラスの人が，それぞれ五十音順に，それぞれ列を作ってグランドに並んでいる．
- 2つのクラス全員を，1つの列で五十音順に並べたい．

この時，せっかく作っている列を崩す必要はない．それぞれの列の先頭の人同士を比較して，より先に入るべき人が元の列を離脱して新しい列に加わればいい．

このように，すでに整列されている列を使って整列を行う方法を，**マージ（併合）ソート**という．

実際には，次のようにする．簡単のため，データは 2^m の形に書ける個数としておく（実際は，そうでなくてもよい）．

- 最初は，まったく整列されていないデータが与えられる．
- まずは 2 個ずつを整列する．
  - $d[1] > d[2]$ なら，それぞれの値を交換する．
  - $d[3] > d[4]$ なら，それぞれの値を交換する．
  - $d[5] > d[6]$ なら，それぞれの値を交換する．

  これを続けて最後の $d[2^m - 1]$，$d[2^m]$ まで整列させる．
- 次に，4 個ずつを整列させる．
  - $d[1] < d[2]$ であり，$d[3] < d[4]$ であるから，$d[1]$ と，$d[3]$ を比較して，小さい方を $e[1]$ とする．仮に，$d[1]$ が小さいとする．その時は，$d[2]$ と $d[3]$ を比較して，小さい方を $e[2]$ とする．このようにして，$d[1]$，$d[2]$，$d[3]$，$d[4]$ を整列して，$e[1]$，$e[2]$，$e[3]$，$e[4]$ とする．
  - 同じことを，「$d[5]$ から $d[8]$」「$d[9]$ から $d[12]$」…と続ける．
- 次に，8 個ずつを整列させる．
- 次に，16 個ずつを整列させる．…

図 9.17 は，整列済みの列をマージし，マージソートの過程が進んでいく途中の様子である．

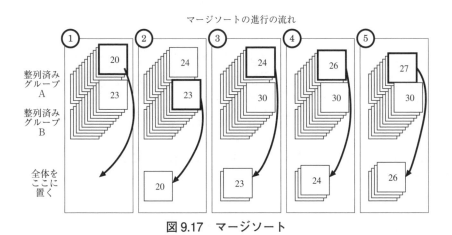

図 9.17　マージソート

マージソートは，総当たりの比較が不要な整列法である．m_k を，$n = 2^k$ 個の整列の時の最悪計算量（最大の比較回数）とする．

2 個の整列は 1 回でできる．よって，

$$m_1 = 1$$

2^{k-1} 個の整列は最大でも m_{k-1} 回でできるので，2^k 個の整列は，多くても 2 つの 2^{k-1} 個の列の整列に要する $2 \times m_{k-1}$ 回と，その 2 つをマージするための $2^k - 1$ 回の比較でできる．よって，

$$m_k = 2m_{k-1} + 2^k - 1$$

これを次のように変形する．

$$m_k + 2^k - 1 = 2m_{k-1} + 2^k - 2 + 2^k$$

$$\frac{m_k + 2^k - 1}{2^k} = \frac{2(m_{k-1} + 2^{k-1} - 1) + 2^k}{2^k}$$

$$= \frac{m_{k-1} + 2^{k-1} - 1}{2^{k-1}} + 1$$

ここで，$u_k = \dfrac{m_k + 2^k - 1}{2^k}$ とおくと，

$$u_k = u_{k-1} + 1, \, u_1 = 1$$

よって

$$u_k = u_1 + (k - 1) = k$$

となる．したがって，$2^k \cdot u_k = m_k + 2^k - 1$ に代入すると，

第9章　いろいろなアルゴリズム　│　**173**

$$2^k \cdot k = m_k + 2^k - 1$$

よって

$$m_k = 2^k \cdot k - 2^k + 1$$

$n = 2^k$ の時，$k = \log_2 n$ なので，

$$m_k = n \log_2 n - n + 1$$

したがって，マージソートの計算量のオーダは，$O(n \log n)$ となる．

演習課題

[9.1] 2184 と 1170 の最大公約数を図 9.2 のアルゴリズムを使って求めよ．

[9.2] 以下は n を入力してもらい，2 から n までの数 i が素数かどうかを判定し，素数であれば表示するプログラムである．i が素数であるかを調べるために，2 から i-1 までの数 j で割り切れるかどうかを調べる．内側の for の繰り返しでは，調べる前に pflag を True（真）とし，割り切れたら False（偽）とする．最終的に pflag が True のままであれば素数なので，i を表示している．このプログラムの計算量（オーダ）を求めよ．

```
n = int(input("数を入力してください: "))
for i in range(2, n + 1):
    pflag = True      # 素数であると仮定
    for j in range(2, i):
        if i % j == 0: # 素数ではなかった
            pflag = False
    if pflag:          # pflag が True なら表示
        print(i)
```

[9.3] [9.2]のプログラムはiが素数であるかを調べるために，2から i-1までの数で割り切れるかどうかを調べているが，その範囲の上限をi-1よりも小さくすることが可能である．どう減らすことができるかを示し，その時の計算量（オーダ）を求めよ．

[9.4] データが以下の図のように分類されている．この分類の法則を述べよ．また，このような分類ができた場合，どのようなデータの探索が可能かを述べよ．

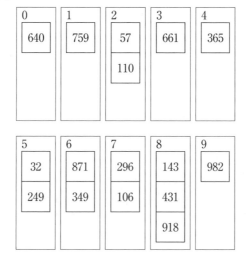

［9.5］マージソートのプログラムを作成し，動作を確認せよ．

［9.6］バブルソート，選択ソート，挿入ソート，マージソート以外の整
列アルゴリズムを調べ，それらの特徴を述べよ．

参考文献

［1］Knuth, D. E.『基本算法 I　基礎概念』廣瀬健・訳，サイエンス社，1978 年（原著：
『The Art of Computer Programming 1』）

［2］Brian W. Kernighan『ディジタル作法—カーニハン先生の「情報」教室—』久野靖・
訳，オーム社，2013 年

［3］奥村晴彦『C 言語による最新アルゴリズム事典』技術評論社，1991 年

10 | ネットワーク・インターネット

辰己 丈夫

《目標&ポイント》 本章では，情報通信の方法について述べる．特に，プロトコル，OSI 参照モデル，インターネット，IP アドレス，DNS の仕組みについて述べる．
《キーワード》 通信，ネットワーク，プロトコル，インターネット，DNS

現在，コンピュータの多くはネットワークを利用してデータを交換している．そこで，ネットワークの基本的な構成について述べる．

10.1 ネットワーク

10.1.1 ネットワークの構築とトラフィック

今，2 台のコンピュータを直接接続してネットワークを作るなら，それは図 10.1 の左のようになる．

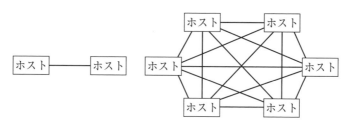

図 10.1　2 台・6 台の PC を直接接続

ネットワークの構造を考える時は，2台のコンピュータのことをそれぞれ**ホスト**と呼び，ホスト同士を接続するのは，何本かの銅線をより合わせたケーブルである．各ホストは，送信したいデータのビット列に対応した電流をケーブルに一瞬だけ流す．データを受信したいホストは，その一瞬のデータを読み取ることで，ビット列を読み取る．

　接続されるホストが2台から6台に増えた場合，2台の時の接続方法をそのまま用いるならば，図 10.1 の右のように複雑な配線となる．そこで，図 10.2 のようなネットワークを構築し，配線を簡略化する．

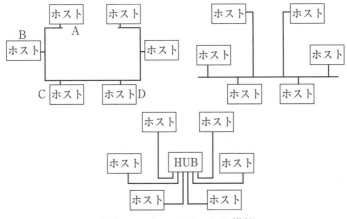

図 10.2　ネットワークの構築

　ところで，図 10.2 の左上のネットワークを見ると，「ホスト A とホスト D の通信に使われる部分」と，「ホスト B とホスト C の通信に使われる部分」は重なっていることに気がつく．このことは，「ホスト A からホスト D へ通信している時は，ホスト B からホスト C への通信はできない」ことを意味する．図 10.2 の右上および下のネットワークの場合もこれと同じように，2台のホスト同士の通信が行われると，他のホ

スト間では通信ができなくなる．もし2台のホストが同時にデータを流そうとすると，衝突が発生することになる．この場合，両方のホストが乱数を用いて待ち時間を決めてデータを流したり，どちらかに優先権を与えたりするなどの方法を用いて，衝突を回避する．

コンピュータ同士の通信は，通信ケーブルを一定の時間占有することで行われる．この通信による占有をトラフィックという．

このようにして構成されたネットワークは，小さな単位で考える時には **LAN**（Local Area Network）と呼ばれ，LAN同士を結合した大きなネットワークで考える時には **WAN**（Wide Area Network）と呼ばれる．

10.1.2　クライアントとサーバ

ネットワークに参加するホストの役割は，大きくクライアント，サーバ，中継機器の3つに分類される．ネットワークの規模や稼働時間によっては，1つのホストがこれら3つの役割をすべて兼ねることもあるが，逆に，これらの役割をすべて違うホストに設定することもある．

(1)　クライアント

サーバに接続して情報を受け取ったり，サーバに情報を送信したりする．利用されていない時は電源が切断されていることが多い．普通のパソコンは，クライアントとして利用される．なお，スマートフォンなどは，常時電源が入っているが，クライアントとして動作する．

(2)　サーバ

クライアントに対して様々な情報を提供する役割をもつ．通常は，ネットワークに接続され，電源を切断されることなく稼働する．仮にインターネットに接続するサーバならば，それは24時間365日稼働し続けるこ

とが期待されるということを意味する．

(3) 中継機器

ネットワーク上のホスト同士や中継機器同士を接続するために用いられる．

通常は，1つのネットワーク上に少数のサーバと多数のクライアントが存在し，それらが中継機器で接続される．

10.1.3 中継機器

光の速度（電子の速度）は一定であり，毎秒3億mである．もし1秒で1万回の通信をするなら，1回の通信で届くのは3億/1万 = 3万より，3万mである．これより長いケーブルだと，1回の通信の間にケーブルの端まで信号が届かない．同様に，もし1秒で3億回の通信をするなら，ケーブルの長さは1mが上限となる．このように，1秒当たりの通信回数を増やそうとすると，届く距離は短くせざるを得なくなる．その長さを超えて通信を行いたい場合は中継機器を用いるなど，何らかの工夫をする必要がある（図10.3）．

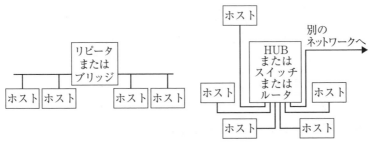

図10.3　リピータ，ブリッジ，HUB，スイッチ

中継機器には，リピータ，HUB，ブリッジ，スイッチ（スイッチング HUB）などがある．リピータ，HUB は，単純に信号を増幅して中継するだけであるが，ブリッジ，スイッチは，接続口ごとにつながっているネットワーク機器の一覧表を内部に保持し，中継の必要のない信号は増幅・中継を行わないので，トラフィック低減に効果的である．また，インターネットにおいては，ネットワーク相互の接続を行うルータも中継機器である．

最近は図 10.3 の右にあるような配線をすることが多い．中心にある HUB（集線機器）は，その先の通信機器の MAC アドレス（説明は後述）を記憶してデータの転送を切り替えるスイッチング機能を有し，トラフィックを軽減している．

10.1.4　プロトコル

プロトコルとは，相手先と通信する際に守るべきルールのことである．
ネットワークの世界では，たくさんのプロトコルが制定されていて，どの通信機器も，プロトコルに従った通信を行っている．

10.2　レイヤの考え方

10.2.1　レイヤの例

インターネットがこれほど普及してきた背景には様々な理由が考えられるが，プロトコルが公開され，それがレイヤ（層）で管理されていて，（技術力がある人なら）誰でも，インターネットで通信を行えるようになっていることの意義は大きい．

例えば，2 人が音声による会話で相互に情報流通を行いたいという状況を考えてみる．この 2 人が情報流通を行うのに必要なプロトコルには，一体どのようなものがあるだろうか．例えば，以下のような項目は，こ

の 2 人の間の情報流通に存在するプロトコルとみなしてもよいだろう.

- •「話題導入→議論→結論」の形式をとるか,「結論→説明→原理原則」のように話を進めるか.
- • どんな話題について話をするか.
- • 挨拶をするか, しないか.
- • 使用する言語は何か.
- • 直接話すか, 電話を使うか, トランシーバを使うか.
- • 電話の場合, お互いの電話番号は何番か.
- • 電話の場合, 何ボルトの電圧で接続するか.
- • 電話の場合, 途中でマイクロ波による中継を使うか.
- • トランシーバの場合, 送受信に使用する電波の周波数はいくつにするか.

　これらのプロトコルをよく観察すると, 相互に依存する内容がないことがわかる. 例えば,「旅行について議論をする」という約束をしても,「政治について議論をする」という約束をしても, その約束は「電話番号を何番にすべきか」という約束に影響を与えない. そこで, 2 人で電話を使って会話するのに必要なプロトコルを整理して, いくつかのレイヤ (層) に分類する (図 10.4).

　例えば,「どんな話題について話をするか」は「話題層」で,「使用する言語は何か」は「使用言語層」のようにする. このようにすると, 各層におけるプロトコルには独立性が保証されるので, 約束の一部を変更したり, 新しい約束を導入したりすることが容易になる. つまり,「言葉が通じれば, 何を使って通信しているかは無関係」「音が通じれば, どんな言葉で会話するかは無関係」ということになる.

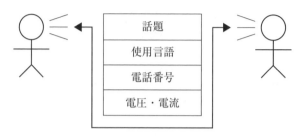

図 10.4 電話によって会話する場合のプロトコルの「層」

　ネットワークによる通信の場合でも，これと同じように「層」の考え方を導入すると，ネットワーク機器やアプリケーションの変更や開発が容易になる．例えば，1台のノートパソコンを，勤務先ではLANに直結し，出張先では携帯電話につなぎ，自宅では無線LAN（Wi-Fi）を利用してつなぐ．どのようなつなぎ方をしてもインターネット接続ができるのは，この「層」の考え方に従って各通信機器が動作しているからである．

10.2.2　OSI 参照モデル

　ISO [1]が定めたOSI [2]参照モデルでは，通信プロトコルを，①物理（フィジカル）層，②データリンク層，③ネットワーク層，④トランスポート層，⑤セッション層，⑥プレゼンテーション層，⑦アプリケーション層の7層に分類している．

(1) 物理層とデータリンク層

　物理層では，ネットワークケーブルを流れる電流やコネクタの形状など，データを2箇所で物理的にやり取りするためのプロトコルを定めている．

★1 ── International Organization for Standardization，国際標準化機構．
★2 ── Open Systems Interconnection，開放型システム間相互接続．

データリンク層の通信は，LAN内の通信を行うためのプロトコルで定められる．

同一のLANに属する3つ以上のホストが通信をする時は，メディア・アクセス・コントロール・アドレス（MACアドレスと呼ばれる）という接続機器ごとに振られたアドレスを用いて，宛先や送信元を特定する．同じデータリンク層プロトコルを守るように設定された通信機器でネットワークを構成すれば，あるMACアドレスのホストから別のMACアドレスのホストまでのデータ転送ができるようになる（図10.5）．

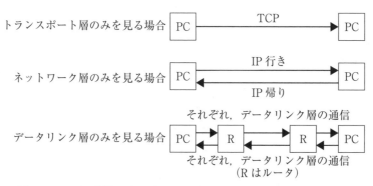

図10.5　同じ通信でも，注目する層によって違うように見える

(2) ネットワーク層とインターネット

ネットワーク層では，データリンク層で構築されたネットワーク同士を接続するプロトコルが定められている．例えば，LANとWANを接続するには，それぞれに独立なアドレスのプロトコルを定める必要がある．それができないと，2つのネットワーク上のホストを通信相手として特定することができない．

そして，インターネットとは，異なるネットワークメディアを用いた

ネットワーク同士を結びつけてできた「ネットワークのネットワーク」であり，その中でも，ネットワーク層に属する IP [3] で規定された通信方法によるネットワークのことである[4].

10.3 インターネット

10.3.1 パケット

インターネットを利用してデータをやり取りする場合，送信側では，データは**パケット**と呼ばれる小さな単位に分割し，それぞれのパケットに並び順がわかる数を割り振って，相手に送信する.パケットを受け取った側は，それらを順番に並べてデータを復元する．足りないパケットがある時は，一定時間待った後，足りないパケットの番号を付けて再送要求をする.

このようにしておくと，通信途中でパケットの一部が失われても，パケット全体を送り直す必要はない．また，パケットの送信速度よりも速いネットワーク回線上では，複数の人のデータが含まれたパケットをやり取りすることができるので，回線の利用効率が上がる.

10.3.2 IP アドレス

インターネットでは，**IP アドレス**と呼ばれる数が各ホストに割り当てられる．ある IP アドレスを割り当てられているホストが世界中で 1 台しかないようにネットワークを構成すれば，どのデータリンク層にあるホストであっても，相互に通信ができるようになる．まず，現在でも広く利用されている IPv4（IP version 4）について述べる．また，今後は，固定長 8 ビットの部分をオクテット（1 オクテットは 1 バイト）と呼ぶことがある.

---

[3] —— Internet Protocol.
[4] —— 英語では以前から，定冠詞 "The" を付けた上に，先頭の文字を大文字にする表記 "The Internet" が使われていた．しかし，2016 年の Associated Press の記者執筆ガイドで，"internet" と書くように改められた.

IPv4 において，IP アドレスは，192.0.2.3 のようなオクテット 4 つ，すなわち 32 ビットの並びで表される．したがって，この形で $(2^8)^4 = 256^4 = 2^{32} = 4,294,967,296$ 通りの IP アドレスを表現することができる．

21 世紀に入り，インターネットに接続されたホストの数が急激に増加すると，近い将来，ホストに割り当てられる IPv4 アドレスが枯渇してしまうことが予想された．そこで，IPv6（IP version 6）が制定され，現在，IPv4 から IPv6 への移行が進みつつある．IPv6 では，最大 16 オクテット（= 128 ビット）まで利用可能で，したがって，表現可能なアドレスは $2^{128} \fallingdotseq 3.4 \times 10^{38}$ 通りという途方もない量になる．

10.3.3 ネットワークアドレス

世界中にあるホストの IP アドレスが無規則に設定されていたとすると，通信したい相手の IP アドレスを知っていても，通信したい内容をどこに送るべきかは簡単にはわからない．そこで，インターネットでは，ネットワークアドレスという考え方が取り入れられていて，ホストの地理的な位置を，ある程度まで絞り込みやすくしている．

理解しやすいように，電話番号の例を考えてみよう．例えば，日本中のどこからでも，03 で始まる電話番号に電話をかけると，東京 23 区内にある電話機に呼び出しが入る．同様に，09912 で始まる電話番号に電話をかけると，鹿児島県鹿児島郡十島村にある電話機を呼び出す．

上記と同じ手法がインターネットでも利用されている．例えば，ある組織は 192.0.2 で始まるアドレスを使っている．その組織以外のホストが 192.0.2 で始まるアドレスを使うことはないので，宛先の IP アドレスが 192.0.2 で始まるならば，組織を特定することができる．この組織に存在するホストが集まったネットワークを IP ネットワークといい，この 192.0.2 のことを**ネットワークアドレス**という（図 10.6）．

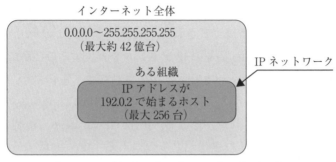

図 10.6　インターネット，IP ネットワーク

10.3.4　ネットマスク

再び電話番号の例を用いて説明する．固定電話の電話番号は，冒頭の 0 を含めて 10 桁である．東京 23 区内の市外局番は 03 の 2 桁であり，したがって市内に使える電話番号の数字は 8 桁となる．一方で，鹿児島県鹿児島郡十島村の市外局番は 09912 の 5 桁であり，したがって市内に使える電話番号の数字は 5 桁となる．

上記と同じ手法がインターネットでも利用されている．例えば，192.0.2.0 から 192.0.2.255 までの合計 256 個の IP アドレスが，同じ組織に割り当てられているとする．これらの IP アドレスを表すビット列では，192.0.2 に該当する部分が不変となる．この不変部分に使われるビット列の長さのことを**ネットマスク**という．ネットワークアドレスは市外局番，ネットマスクは市外局番の桁数と考えればよい．先ほどの例では，192.0.2 の 3 オクテットがサブネットであるから，ネットマスクは $8 \times 3 = 24$ ビットとなる．

IP アドレスは 32 ビットで表されることから，ネットマスクが大きいほど，同じネットワークの中に収容できるホスト数は少なくなる．例えば，ネットマスクが 29 であれば，ホストの識別に使える IP アドレスの

下位ビットは 32 − 29 = 3 ビットなので，このネットワークにはホスト
を 8 台しか収容できない．

ところで，255 は二進法の 11111111 であるから，255.255.255.0 を二進
法で表記すれば 11111111.11111111.11111111.00000000 となる．そこで，
これを 24 ビットのネットマスクとして記すこともある．この方法のメ
リットは，IP アドレスとネットマスクのビットごとの積をとれば，ネッ
トワークアドレスを計算できることである．例えば，ネットマスクが
24 ビットで，192.0.2.138 の IP アドレスが割り当てられたホストの所属
するネットワークアドレスは，図 10.7 に示す手順で計算する．

```
     192      .0       .2       .138      ホストの IP アドレス
     11000000.00000000.00000010.10001010
 ↓ & 11111111.11111111.11111111.00000000  ネットマスク
     11000000.00000000.00000010.00000000
 =   192      .0       .2       .0        ネットワークアドレス
```

図 10.7　ネットマスクとネットワークアドレス

また，以上のことからわかるように，ネットワークアドレスを表記す
る時，192.0.2.0 と記すだけでは，

・192.0.2.0 ネットマスクが 24 ビット（256 ホストを収容）
・192.0.2.0 ネットマスクが 25 ビット（128 ホストを収容）
・192.0.2.0 ネットマスクが 26 ビット（64 ホストを収容）
・192.0.2.0 ネットマスクが 27 ビット（32 ホストを収容）
　　　⋮

の区別がつかないため，「12.34.56.0/24」や「12.34.56.0/255.255.255.0」
のようにネットマスクを併記する．

10.4 DNS

数字のみで表現されたアドレスは覚えにくい．そこで，インターネットにおいては，ホストの所属などからIPアドレスを調べる仕組みが存在する．それが **DNS** [5] である．

DNSは，例えば，www.example.ac.jp という文字列を 192.0.2.34 というIPアドレスに変換する（図10.8）．www を**ホスト名**，example.ac.jp を**ドメイン名**といい，それらをつなげた www.example.ac.jp を **FQDN** [6] という（近年は，www.example.ac.jp をドメイン名と呼ぶこともある）．www.example.ac.jp という FQDN から 192.0.2.34 というIPアドレスを得ることを正引きと呼び，逆に，IPアドレスから FQDN を得ることを逆引きと呼ぶ．

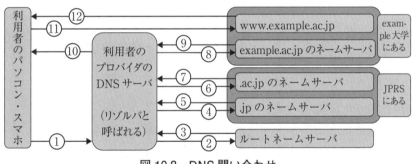

図 10.8　DNS 問い合わせ
①から順に問い合わせを行う．

もし図10.8 に示したような仕組みがなければ，「世界中のすべてのホストの FQDN と IP アドレスの対応表を管理するサーバ」をどこかに用意しなければならない．ただし，実際の DNS では，上記のすべての問い合わせが必ず行われているわけではない．DNS にはキャッシュとい

---

[5] —— Domain Name System.
[6] —— Fully Qualified Domain Name.

う機能があり，一度問い合わせた内容は，DNS の運営者が設定する期間（7日程度とする運用が多い）だけ保持される．したがって，あるホストが www.example.ac.jp の IP アドレスを問い合わせたら，その後，キャッシュが保持されている期間内に同じ問い合わせを行っても，上位のネームサーバ（図では下側）への問い合わせを行わずに済ませている．

　DNS は分散管理されている．各組織は，自組織内のホストの FQDN と IP アドレスを対応づけたデータベースを作り，その親組織は，それらのデータベースを管理するホストの IP アドレスのみをデータベースに登録している．このデータベースを保持するホストを，そのドメインのネームサーバーという．

10.4.1　トップレベルドメイン（TLD）

　世界中には，ルートネームサーバという重要な役割を与えられたホストが複数台設置されており，リゾルバからの問い合わせに応じている．**トップレベルドメイン（TLD）**とは，ドメイン名の中で，最後のドットに続く文字列のことで，example.ac.jp でいえば，jp がそれに相当する．この .jp は，JPRS（株式会社日本レジストリサービス）が管理している．表 10.1 と表 10.2 に，TLD のいくつかの例を示す．

表 10.1　国や地域を表す TLD（ccTLD）の例（一部）

TLD	説明
.jp	日本
.kr	韓国
.uk	イギリス
.fr	フランス

表 10.2　属性を表す TLD の例（一部）

TLD	説明
.com	企業など
.org	非営利組織など
.net	ネットワーク組織など
.edu	アメリカの大学など
.gov	アメリカの政府機関

10.4.2　セカンドレベルドメイン（SLD）

　トップレベルドメインに属するドメインを**セカンドレベルドメイン**（**SLD**）という．ドットで区切られたドメイン名の中では，右から 2 番目の文字列のことで，example.ac.jp でいえば，ac がそれに相当する．表10.3 と表 10.4 に，.jp の SLD のいくつかの例を示す．

表 10.3　属性を表す，.jp の SLD の例（一部）

SLD	説明
ac.jp	大学など
ad.jp	ネットワーク管理組織
co.jp	企業など
ed.jp	初等中等教育機関など
go.jp	政府機関，独立行政法人など
gr.jp	任意団体
ne.jp	ネットワーク組織など
lg.jp	地方公共団体など
or.jp	いくつかの法人組織

表 10.4　.jp のその他の SLD の例（一部）

地域名 .jp	地域型
例：tokyo.jp	東京
その他 .jp	汎用 JP
例：waseda.jp 例：chiba-u.jp	早稲田大学 汎用 JP 千葉大学 汎用 JP

10.4.3　DNS の階層と記述

ドメインは，欧米の住所のように，左に小さな組織名などが，右に国名などの大きな単位が記述される．一方，IP アドレスは日本の住所のように，左に大きな分類であるネットワークアドレスが記述される．したがって，FQDN から IP アドレスを得る正引きは，

jp → ac.jp → example.ac.jp → ns.example.ac.jp → www.example.ac.jp

のように右側から問い合わせを行う．

また，DNS では，IP アドレスから FQDN を得る逆引きも可能である．

12 → 12.34 → 12.34.56 → 12.34.56.43 → www.example.ac.jp

のように左側から問い合わせを行う．

10.4.4　経路

ネットワークアドレス，サブネットアドレスが定められても，通信先のホストに至る経路の設定は容易ではない．例えば，ある国のある学校に設置されたホストから，192.0.2.34 の IP アドレスをもつホストへのアクセスを試みた時，一体どの中継機器を通って到達すればいいのだろうか．

ホストが属しているサブネットとその外部との接続を行う**ゲートウェイ**と呼ばれるホストは，2 つのサブネットの間で信号を中継する役割を担っている．通常，小さな組織ではゲートウェイは 1 台しかなく，そのため，「外部への通信はすべて，そのホストに信号を送ればよい」ということになる．そこで，このゲートウェイを**デフォルト**[7]**ゲートウェイ**（図 10.9）といい，デフォルトゲートウェイを通る経路のことを**デフォルト経路**などと呼ぶ．

信号がインターネットに出た後の経路の選択は，複雑な数学的アルゴリズムを利用している（説明は省略する）．

★7 ── default，無指定時の，初期状態での．

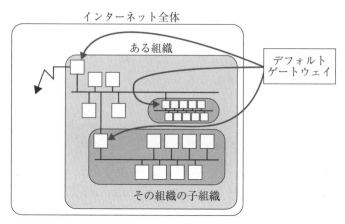

図 10.9　ある組織とその子組織のデフォルトゲートウェイ

演習課題

[10.1] 3人で糸電話を使って通話したいが，その中の2人の会話は残りの1人に聞かれたくないものとする．どのように糸を引っ張ればよいか．

[10.2] 日常の活動をレイヤモデルを用いて説明してみよ．

[10.3] 自分が使っているパソコンやスマートフォンの MAC アドレスを調べよ．

[10.4] サブネット 192.9.2.0/28 に属する IP アドレスは何個あるか．また，それをすべて列挙せよ．

第 10 章　ネットワーク・インターネット　| **193**

［10.5］SLD の 1 つである ac.jp の直下には，放送大学をはじめとして，様々な大学などがある．どのような大学があるか，調べよ．

参考文献

［1］Brian W. Kernighan『ディジタル作法―カーニハン先生の「情報」教室―』久野靖・訳，オーム社，2013 年

［2］アンドリュー・S・タネンバウム，デイビッド・J・ウエザロール『コンピュータネットワーク　第 6 版』水野忠則・他訳，日経 BP 社，2023 年

11 | データベース

兼宗　進

《目標＆ポイント》　本章ではデータベースの考え方を理解し，その利点を活かしてデータベースがどのように利用されているかを学ぶ．
《キーワード》　関係データベース，選択，結合，射影，排他制御，トランザクション，データベース管理システム

11.1　データベースの利用

　コンピュータでデータを扱う場合，人が直接操作する時は表計算などのアプリケーションソフトを利用することができる．また，コンピュータのプログラムでは，ファイルにデータを記録して扱うことができる．個人が小規模なデータを扱う場合にはこのような使い方で問題ないが，多くの場所からデータが同時に使われたり，複雑なデータを扱ったりする場合にはデータベースの利用が必要になる．

　データベースは，複数のコンピュータがネットワークで通信しながら業務を行う，情報システムと呼ばれるプログラムから利用されることが多い．例えば，銀行の口座管理システム，コンビニエンスストアの商品管理システム，図書館の蔵書管理システムなどである．

11.2　関係データベース

　データベースは歴史的には様々な方式が使われてきたが，現在使われているデータベースの多くは関係データベースと呼ばれる方式を採用し

ている．**関係データベース**では，データを複数の表の形で扱うことが特
徴である．情報は複数の表に分かれて格納されているため，必要に応じ
て複数の表を組み合わせることで目的のデータを取り出すことができ
る．

図 11.1 に商品データベースの例を示す．このデータベースは 2 つの
表（テーブル）から構成されている．商品テーブルはお店で扱っている
商品の情報である．売上テーブルは販売に関する記録である．

（商品テーブル）

商品コード	商品名	価格
1101	麦茶	100
1102	緑茶	130
1103	紅茶	150
1104	番茶	130
1105	ココア	140

（売上テーブル）

売上日	時間帯	年齢層	商品コード
4/1	朝	若者	1101
4/1	朝	若者	1103
4/1	昼	成年	1101
4/1	夜	成年	1103
4/2	朝	子ども	1102
4/2	朝	若者	1104

図 11.1　商品データベースの例

個々の表は行と列から構成される．関係データベースでは，表のデー
タに順番はなく，表の中に同じ値のデータは存在しない．個々のデータ
を区別するための項目を**キー**と呼ぶ．図 11.1 で項目名に下線が引かれ
た項目は，**主キー**と呼ばれる代表的なキーとして扱われる．複数の表は
キーを手がかりに結びつけられる．例えば，売上テーブルの中で，商品
の情報は商品コードによって商品テーブルから得ることができる．キー
は「会社名と社員番号」のように複数の項目の組み合わせで作られる場
合もある．

関係データベースの表に対する集合的な操作としては，表にデータを
加える「和（Union）」，表からデータを削除する「差（Difference）」をはじ

めとして，「積（Intersection）」「商（Division）」「直積（Cartesian Product）」などが知られている．

　一方，データベースから目的のデータを取り出すためには，「**選択**（Selection）」「**結合**（Join）」「**射影**（Projection）」の操作が有用である．本章では主にこれらの操作を説明する．

11.3　sAccess によるデータベース入門

　データベースの教育用に開発された sAccess を使い，選択，結合，射影などの操作を画面で確認しながら理解しよう．sAccess は Web ブラウザから利用することができる[1]．

　sAccess のページで使用するデータベース（プリセット DB）から「コンビニ（放送大学）」データベースを指定すると，あらかじめ入力された「表示　売上データ」の命令が実行され，売上データの全体が表示される．

全 158 件

	商品コード	売上日	時間帯	年齢層
1	1101	4/1	朝	若者
2	1103	4/1	朝	若者
3	1101	4/1	昼	成年
⋮	⋮	⋮	⋮	⋮

　次に，データを検索するために，選択命令のプログラムを追加しよう．sAccess のプログラムは独自の文法で記述する．最初に命令を書き，続いて空白で区切りながら列の名前や値などを記述する．複数の命令を書いた場合には，sAccess では書いた命令が 1 行ずつ上から順に実行される．

　「選択」を使うと，条件を指定して行を選択することができる．次の

---

[1] ── sAccess のサイト（http://saccess.eplang.jp）から sAccess を起動する．

例で,「選択　時間帯　朝」は時間帯が朝であるという条件を指定している.

（sAccess のプログラム例）

```
表示　売上データ
選択　時間帯　朝
```

　上のプログラムを実行すると,時間帯が朝のデータだけが表示され,件数が減っていることがわかる.

全36件

商品コード	売上日	時間帯	年齢層
1101	4/1	朝	若者
1103	4/1	朝	若者
1102	4/2	朝	子ども
⋮	⋮	⋮	⋮

　「結合」を使うと,他の表を結合して1つの表にまとめることができる.次の例で,「結合　商品データ」は,商品データを売上データに結合することを指定している.2つの表は,同じ名前の列のデータを使うことで,相互の対応を判断している.このように,列の名前で対応づける結合を自然結合と呼ぶ.

（sAccess のプログラム例）

```
表示　売上データ
選択　時間帯　朝
結合　商品データ
```

　上のプログラムを実行すると,件数は変わらないが,列の数が増え,売上の情報に加えて商品の情報が表示されていることがわかる.

全 36 件

商品コード	売上日	時間帯	年齢層	商品名	価格
1101	4/1	朝	若者	麦茶	100
1103	4/1	朝	若者	紅茶	150
1102	4/2	朝	子ども	緑茶	130
⋮	⋮	⋮	⋮	⋮	⋮

ここでもう1つ「選択」を追加してみよう．選択を複数追加すると，それらの条件をすべて満たすという AND 条件の意味になる．次の例では，時間帯が朝で，なおかつ年齢層が若者という条件を指定している．

（sAccess のプログラム例）

```
表示   売上データ
選択   時間帯   朝
結合   商品データ
選択   年齢層   若者
```

上のプログラムを実行すると，条件を追加したことにより件数が減っていることがわかる．

全 13 件

商品コード	売上日	時間帯	年齢層	商品名	価格
1101	4/1	朝	若者	麦茶	100
1103	4/1	朝	若者	紅茶	150
1104	4/2	朝	若者	番茶	130
⋮	⋮	⋮	⋮	⋮	⋮

前の例では，2つの表を結合したことで列の数が増え，不要な列まで表示されるようになってしまった．「射影」を実行することで，特定の列だけを表示することができる．次の例で，「射影　年齢層，商品名，価格」は，年齢層，商品名，価格の3列だけを表示することを指定して

いる.

（sAccess のプログラム例）

表示	売上データ
選択	時間帯　朝
結合	商品データ
選択	年齢層　若者
射影	年齢層，商品名，価格

　上のプログラムを実行すると，件数は変わらないが，列の数が減っていることがわかる．

全 13 件

年齢層	商品名	価格
若者	麦茶	100
若者	紅茶	150
若者	番茶	130
⋮	⋮	⋮

11.4　SQL

　数多くの種類が存在するプログラミング言語と違い，データベースの操作言語としては SQL が標準化されて広く使われている．SQL を使うことで，データベースや表の作成（create），データの登録（insert）と更新（update）と削除（delete），そしてデータの検索（select）を行うことができる．11.3 節で扱った問い合わせを SQL で書いてみよう．ここでは，sAccess と同様に Web ブラウザから利用できる SQL エディタを使う[2]．SQL エディタを使う時は，最初に画面でデータベースを指定する．今回は sAccess と同じ「コンビニ」データベースを使う．

★2 —— sAccess のサイト（http://saccess.eplang.jp）から SQL エディタを起動する．

SQL実行			
⦿コンビニ ○レンタル ○生徒名簿 ○図書館			
SQL文を入力してください。			
送信			

　次に，データを検索するために select 文を使おう．SQL では命令を1行で書く★3．sAccess と違い，上から順に実行されるわけではない．select 文では，「select」という命令に続いて，表示する列を指定する．次の例で，「*」はすべての列を表示するという意味である．表は「from」で指定する．この例では「売上データ」の表を使っている．

```
select * from 売上データ
```

　「SQL 実行」画面で「SQL 文を入力してください。」と表示されている枠に上のプログラムを入力して［送信］ボタンをクリックすると，売上データの全体が表示される．

全 158 件

商品コード	売上日	時間帯	年齢層
1101	4/1	朝	若者
1103	4/1	朝	若者
1101	4/1	昼	成年
⋮	⋮	⋮	⋮

　「where」を使うと，条件を指定して「選択」を行うことができる．次の例で，「時間帯='朝'」は時間帯が朝であるという条件を指定している．

```
select * from 売上データ where 時間帯='朝'
```

★3 ── これ以降ページの横幅の関係で，select 文が2行で表示されている部分があるが，実際には1行で入力する．

第11章　データベース　**201**

　このプログラムを実行すると，時間帯が朝のデータだけが表示され，件数が減っていることがわかる.

全36件

商品コード	売上日	時間帯	年齢層
1101	4/1	朝	若者
1103	4/1	朝	若者
1102	4/2	朝	子ども
⋮	⋮	⋮	⋮

　「join」を使うと，他の表を指定して「結合」を行うことができる.次の例で，「売上データ join 商品データ using(商品コード)」は，商品コードの列をキーとして，商品データを売上データに結合することを指定している.

```
select * from 売上データ join 商品データ using(商品コード)
where 時間帯='朝'
```

　上のプログラムを実行すると，件数は変わらないが，列の数が増え，売上の情報に加えて商品の情報が表示されていることがわかる.

全36件

商品コード	売上日	時間帯	年齢層	商品名	価格
1101	4/1	朝	若者	麦茶	100
1103	4/1	朝	若者	紅茶	150
1102	4/2	朝	子ども	緑茶	130
⋮	⋮	⋮	⋮	⋮	⋮

　条件式に「and」を使うと，複数の条件を指定することができる.次の例で，「where 時間帯='朝' and 年齢層='若者'」は，時間帯が朝

で，なおかつ年齢層が若者という条件を指定している．

```
select * from 売上データ join 商品データ using(商品コード)
where 時間帯 ='朝' and 年齢層 ='若者'
```

上のプログラムを実行すると，条件を追加したことにより件数が減っていることがわかる．

全 13 件

商品コード	売上日	時間帯	年齢層	商品名	価格
1101	4/1	朝	若者	麦茶	100
1103	4/1	朝	若者	紅茶	150
1104	4/2	朝	若者	番茶	130
⋮	⋮	⋮	⋮	⋮	⋮

前の例では，2つの表を結合したことで列の数が増え，不要な列まで表示されるようになってしまった．「*」の代わりに列の名前を「,」で区切って指定することで，「射影」により特定の列だけを表示することができる．次の例で，「年齢層 , 商品名 , 価格」はこれらの列だけを表示することを指定している．

```
select 年齢層 , 商品名 , 価格 from 売上データ join 商品データ
using(商品コード) where 時間帯 ='朝' and 年齢層 ='若者'
```

上のプログラムを実行すると，件数は変わらないが列の数が減っていることがわかる．

全 13 件

年齢層	商品名	価格
若者	麦茶	100
若者	紅茶	150
若者	番茶	130
︙	︙	︙

11.5 スキーマ設計と正規化

関係データベースは表でデータを扱う．そこで，データベースを定義するためには，扱いたい情報を表の形に整理する必要がある．ここでは3段階で設計を行う例を示す．

①扱いたい情報を列挙し，どのように使うかを含めて整理する．

②実体関連図を使い，情報の関係を整理する（概念スキーマ設計）．

③データベースの表を設計する（論理スキーマ設計）．

図書室の本の貸出を考えてみよう．棚には「図書」が並んでおり，「生徒」は本を手にとって閲覧し，本を「貸出」する．情報として残す必要があるのは，どの本を誰に貸したかという記録である．この例のように，設計の最初では現実世界の物事を分析し，どのような情報をデータベースで扱うかを整理する．

扱う情報の性質を考えると，「図書」と「生徒」は実体があるが，「貸出」は実体同士の関係を表していることがわかる．このような関係は**実体関連図（ER 図）**で表すことができる．図 11.2 は「図書」の「貸出」に関する実体関連図の例である．「図書」と「生徒」の長方形は**実体**（Entity）を，「貸出」のひし形は**関連**（Relationship）を表す．

図 11.2 図書の実体関連図の例

関係データベースでは，実体と関連はともに表として表される．この例では，図書と生徒の表を定義した後に，これらの主キーの値の対応を貸出の表で定義することになる．

表を定義する時は，プログラミング言語の変数と同様に，列の名前とデータ型を指定する．データ型には数値と文字列の他に，日付型などが存在する．日付型については，例えば名簿を作る時に年齢という列を作ってしまうと，誕生日が来るとその人の年齢は正しい値ではなくなってしまう．そこで，年齢の代わりに生年月日を入れておくことが考えられる．

次に，実体関連図から表を設計する．図書テーブルは1冊ごとの図書の実体を表す．1冊ごとに異なる番号(資料番号)が付けられており，バーコードの形で貼られていることが多い．複数の図書館が存在する場合はどの図書館に置かれているかという情報が必要である．本には書名（タイトル）があり，著者と出版社の情報も必要になる．

貸出テーブルは1冊の図書が誰に借りられたかという関連を表す．基本的には図書の番号（資料番号）と生徒の番号（生徒番号）だが，いつ貸し出して（貸出日），いつまで借りられて（返却期限日），いつ返したか（返却日）の情報も必要になる．

生徒テーブルは生徒の番号（生徒番号）と氏名などの情報が必要になる．生徒は氏名で区別できることも多いが，学校全体や複数年の利用を考えた時は同姓同名が存在する可能性を考慮して，氏名とは別に生徒番号を付与することが安全である．

上の例でデータベース設計の流れを体験したが，実際には同じ本が図書館に2冊以上ある場合を考慮すると，図書テーブルは「本のタイトルごとのテーブル」と「現物の1冊ごとのテーブル」に分割した方が管理しやすい可能性がある．作成した表については，このような正規化と呼ばれる設計の見直しが行われる．

（図書テーブル）

資料番号	図書館	タイトル	著者	出版社
1001	幕張	ソフトウェアの仕組み	辰己丈夫	放送大学
1002	渋谷	放送大学入門	中谷多哉子	放送大学
1003	幕張	授業履修のコツ	白銀純子	放送大学
⋮	⋮		⋮	⋮

（貸出テーブル）

資料番号	生徒番号	貸出日	返却期限日	返却日
1001	18A001	4/5	4/19	4/6
1002	18A003	4/5	4/19	
1002	18A002	4/6	4/20	
⋮	⋮	⋮	⋮	⋮

（生徒テーブル）

生徒番号	氏名
18A001	浅田顕子
18A002	伊藤泉
18A003	上田浮世

図 11.3　実体関連図から作成したテーブルの例

11.6　排他制御とトランザクション

11.6.1　排他制御

　銀行の自動出納端末である ATM（Automated/Automatic Teller Machine）から残高が 0 円の口座に 500 円を送金することを考えてみよう．ATM のプログラムはデータベースから口座残高を読み取り，残高に 500 円を加えた金額を口座に書き込む．ATM のプログラムの中で計算するための変数を x とすると，このような処理が行われることになる．

処理 A	x の値	口座残高
x = 口座残高 ;	0	0
x = x + 500;	500	0
口座残高 = x;	500	500

　この処理は一度に 1 つのプログラムが行う時は問題ないが，複数のプログラムが同時に同じ口座に送金する時は注意が必要である．処理のタ

イミングによっては，次のような処理が行われ，2箇所から500円ずつを送金したにもかかわらず，口座には1000円でなく500円しか振り込まれないことがあり得る．

処理A	xの値	処理B	yの値	口座残高
x = 口座残高 ;	0			0
x = x + 500 ;	500	y = 口座残高 ;	0	0
口座残高 = x ;	500	y = y + 500 ;	500	500
		口座残高 = y ;	500	500

　この現象は，「口座に500円を足す」という本来は1つの命令で行われるべき処理が「口座の金額を読み，計算し，口座に書き戻す」という複数の処理に分割されて実行されたことと，これらの処理中に同じ口座に対して他の処理が実行されたことが原因で発生した．今回の処理のように，同時に処理すると矛盾が発生する可能性のある部分をクリティカルセクション（Critical Section）と呼ぶ．

　このような矛盾を解決する手段として，**排他制御**の考え方がある．クリティカルセクションの処理を行う前に処理の対象データに鍵をかけて専有し（Lock），処理が終わったら鍵を解放する（Unlock）ことで，処理の不可分操作（Atomic Operation）を実現する．ある処理がlockを実行している間に他の処理がlockを実行しようとすると，実行されている処理が終わり，鍵をunlockするまで，他の処理は実行されるのを待つことになる．

11.6.2　トランザクション

　排他制御を行うことで，1つの口座に対する送金処理を解決することができた．

　次に「ある口座Aから別の口座Bに送金する」場合を考えてみると，

まず口座 A から送金額を引き落とし，次にこの金額を口座 B に書き込む処理を行う必要がある．この時，口座 A から引き落とす処理を完了した後に口座 B への振込処理が失敗すると，引き落とされた 500 円が消えてしまうことになる．

そこで，データベース管理システムでは，**トランザクション**という仕組みを提供している．トランザクションを使用した送金処理では，「すべての処理を完了した状態」か，「すべての処理を行わなかった状態」のいずれかになるようにする．先の例で言えば，口座 A からの引き落とし処理に成功しても口座 B への振込処理に失敗した場合は「すべての処理を行わなかった状態」に戻し，口座 A からの引き落とし処理と口座 B への振込処理の両方に成功した場合のみ「すべての処理を完了した状態」とする．トランザクション中のすべての処理を確定することをコミットと呼び，トランザクション中のすべての処理をトランザクション前の状態に戻すことをロールバックと呼ぶ．

トランザクションはデータ処理の原子性（Atomicity），一貫性（Consistency），独立性（Isolation），永続性（Durability）を実現する．これらの性質は英字の頭文字から **ACID** と呼ばれる．

11.7 データベース管理システム

大切なデータを安全に管理するために，データベースを管理する専用のプログラムとして，**データベース管理システム**（**DBMS**）が用意されている．データベースへのアクセスが必ずデータベース管理システムを通して行われることで，データベースの状態が常に矛盾のないように保たれていることを保証することができる．

データベース管理システムは大量のデータを高速に扱えるほか，データの値や項目間の整合性，アクセス権限によるセキュリティ管理，バッ

クアップと障害回復などのデータの安全性を提供する.

11.8 まとめ

　本章では，関係データベースを中心に，代表的なデータ操作の考え方とSQL言語による操作，正規化の考え方，データベース管理システムによるデータの管理などを紹介した.

　現代は情報社会であり，信用情報や資産情報が正しく管理されないと社会が成立しない. それらの情報を矛盾なく管理するための技術としてデータベースが役立っている.

演習課題

［11.1］sAccess を使い，夜の時間帯に売れている商品を検索せよ.

［11.2］ACID について調べ，それぞれの性質を理解せよ.

12 | 見えない情報技術

辰己　丈夫

《目標＆ポイント》 本章では，私たちの周りにある様々な機器に組み込まれているコンピュータと，そこで使われるソフトウェアについて，小型コンピュータ，シンセサイザー，自動車を例にして概観する.
《キーワード》 組み込みシステム，小型コンピュータ，シンセサイザー，自動車の制御装置

コンピュータの開発当初は，人間が必要なデータを集めてコンピュータに入力し，さらに，コンピュータによる計算出力に従って機械を操作したり，命令を出したりしていた．その後，自動的にデータを入力・収集する機器や，他の機器を制御する機器が開発されると，様々な機械・システムの制御が，人間の手を介さずにコンピュータで行われるようになってきた．このように，機器に組み込まれたコンピュータで作られたシステムを，**組み込みシステム**という．ここでは，様々な「見えない情報技術」の仕組みを明らかにしながら，情報技術が社会に与えた影響について議論する.

12.1　コンピュータの基本機能

6章で確認したように，コンピュータの基本機能には以下のものがある.

12.1.1 入力と出力

コンピュータに**入力**される情報は，最終的には必ずディジタル情報に変換されている．コンピュータの箱の外でディジタルになっている場合もあれば，アナログのままコンピュータに入力されて，内部でディジタル情報に変換される場合もある．また，コンピュータ内部で演算などの処理を行って**出力**される情報は，ディジタルのままの場合もあれば，ディジタルから何かの機器を通してアナログ情報に変換されるものもある．

12.1.2 記憶

コンピュータは，入力された情報を演算装置に送り込むために**記憶**している．その記憶装置は主に，表 12.1 に示した種類に分けられる．

記憶装置は，その価格・速度・容量がある条件を満たしたものだけが存在し，条件は時代によって変化する．価格・速度・容量が不利なものは淘汰されていく．

表 12.1　記憶装置と特徴

装置名	特徴
CPU レジスタ	CPU の内部に配置され，きわめて高速に読み書きができる．ただし，容量は大きくない．
キャッシュ	CPU の近くに配置され，非常に高速に読み書きができる．ただし，容量は大きくはなく，8 k バイト〜 128 k バイト程度．電源を切ると，書き込まれた情報は消えてしまう．
メインメモリ	バスと呼ばれる「情報の通り道」を使って CPU とつながっている．
ストレージ	比較的高速に読み書きができ，容量は非常に大きい．電源を切っても，書き込まれた情報は消えない．OS やソフトウェア，文書，データなどを保存する時に使う．
可搬型メディア	読み書きの速度は速くないが，情報を可搬型メディアに記録することで持ち運ぶことができる．本稿執筆時点では，USB メモリや Blu-ray Disc，DVD などが利用されている．

12.1.3 演算と制御

　演算とは，ビット列からビット列を「計算」によって作り出す行為である．演算は，主に中央演算処理装置（CPU：Central Processing Unit）が行うが，特殊な情報を高速に演算する必要がある時は，CPU の他にコプロセッサという部品を使うことがある．例えば，センサからの信号処理に特化した DSP（Digital Signal Processor）や，DSP をさらに画像処理に特化させた GPU（Graphics Processing Unit）がある．GPU を一般の並列計算に転用することも行われており，GPGPU（General-Purpose computing on Graphics Processing Units）と呼ばれている．また，**制御**とは，コンピュータの中にある各機器の制御を行う行為である．人間にたとえれば，神経に相当するバスと呼ばれる信号線を使って，各機器の状況に応じて信号を流したり止めたりしている．実際のコンピュータにおける制御には，エラーやタイマー，入力監視やデバイス待機などの割り込みがある．

12.1.4 サイバネティクスとロボティクス

　コンピュータが実用的に利用されるようになったのは第二次世界大戦の後であるが，この頃に，アメリカのノーバート・ウィーナーによって，通信工学，制御工学などをまとめて考える「人工頭脳学（サイバネティクス）」と呼ばれる概念が生まれた．

　一方で，我々人間の代わりに様々な行動を代行するのがロボットである．ロボットの制御には現在，コンピュータシステムが主に用いられているが，特に今後は AI（人工知能技術）の深化に伴い，AI が広く用いられることが期待されている．

12.2　小型の汎用コンピュータ micro:bit

画面，キーボード，マウスなどが備わった，パソコンではないコンピュータの例として，ここでは micro:bit を取り上げる．

12.2.1　micro:bit とは

micro:bit[1] とは，情報技術の仕組みを学ぶ教材として開発された，安価で小型のワンボードコンピュータである．英国放送協会（BBC）が基本的な設計を開発し，世界中の教育現場で利用されている．図 12.1 にあるように名刺程度の大きさであり，この中に，演算・記憶・制御機能をもつ部品の他に，次の入出力装置が備わっている．

- 入出力：コネクタ 25 本，USB コネクタ，Bluetooth アンテナ
- 入力：ボタンスイッチ 2 つ，タッチセンサ，温度センサ，加速度センサ，地磁気センサ，マイク，リセットボタン
- 出力：LED25 個，スピーカ

図 12.1　micro:bit

---

[1] —— https://microbit.org/ja/

12.2.2 micro:bit を利用した組み込み機器の作成

micro:bit は，25 個の LED 以外のディスプレイをもたないため，ここでは，パソコン上の Scratch を利用してプログラムを作成し，そのプログラムを USB ケーブルを利用して micro:bit に書き込んで利用する．

図 12.2 に，「電子サイコロ」(micro:bit を振ると，LED を利用して 1 から 6 の数字のどれかを表示する) のプログラムを示す．

図 12.2　電子サイコロ

12.3　ディジタルシンセサイザー

音楽は，いうまでもなく音を中心とした娯楽である．ここでは，4 章で学んだ内容を前提として，音楽とコンピュータの関係について取り上げる．

12.3.1　音の仕組み

音は物を振動させて空気の振動を作り出すことで発生している．例えば，声は人間の声帯を振動させて口や鼻から音を出している．楽器は，何かの仕組みを使って，物を振動させて空気を振動させる．また，電話，テレビ，ラジオなどで使われているスピーカは，電気信号をスピーカの振動板の動きに変えて空気を振動させる．

- 音の大きさは，空気の濃淡が激しいかどうかで決まる．これを振幅という．わずかな濃淡は小さな音として聞こえ，振幅は小さくなる．
- 音の高さは，空気の振動（濃淡）が 1 秒間に何回起こっているかで決まる．この回数のことを周波数と呼ぶ．低い音の周波数は小さく，高い音の周波数は大きい．耳に聞こえる周波数を可聴帯域という．人間の可聴帯域は 20 Hz 〜 20,000 Hz（1 Hz は 1 秒間に

1回の振動）であるが，一般的に体が小さい動物ほど可聴帯域は
高い．例えば，イヌやコウモリは，人間がまったく聞こえないほ
ど高い音を聞きとることができ，ゾウやクジラは低い音を聞きと
ることができる．なお，音楽では「ラ」の音を基準にすることが
多いが，これは，「ラ」をちょうど440 Hzというわかりやすい数
値に設定して演奏するオーケストラや楽器が多いからである．

ところで，1オクターブの違いは周波数2倍で現れる．例えば，
440 Hzの「ラ」の1オクターブ上の「ラ」は880 Hzであり，そ
の1オクターブ上は1,760 Hzとなる．1オクターブには半音が
12個あることから，それぞれの周波数は$2^{\frac{1}{12}}$倍の間隔で並ぶよう
にすればよい．この方法はバッハによって明らかにされたので，
バッハの平均律とも呼ばれる．

- 異なる2人の歌手がいれば，同じ高さ，同じ大きさの声でも違う
声に聞こえる．この違いを音色という．音色は，元の音の周波数
に対して，2倍，4倍，8倍……の周波数の音の成分がどの程度
混ざっているかで決まる．これを倍音成分という．ただし，同じ
倍音成分でも，振幅が大きくなる速度と小さくなる速度，すなわ
ち，音が鳴り始めてから最大になり，そして音が消えていくまで
の変化が異なると，違う音に聞こえることもある．

結局のところ，音の大きさ，音程（2つの音の高さの隔たり），音色は，
振幅の変化，周波数，倍音成分で表現できるといえる．音の本質は「振
動」の波の形であり，音を取り扱うことは「波の形を取り扱う」ことで
もある．

12.3.2　音と楽器（ディジタル化以前）

コンピュータが音を取り扱うようになる前は，アナログ方式で音を取

り扱っていた．紙コップなどを使った糸電話で通話ができるのは，人間の口から出た声がコップの底を振動させ，それが糸の振動として伝わり，相手側のコップの底を振動させて空気の振動に変えられるからである．現在でも使われている（非ディジタルの）カセットテープやビデオテープの場合は，音の波形を磁石のN，Sの変化で表現して磁気テープに記録する．また，アナログ式レコードの場合は，音の波形と同じ溝の形をレコード盤に刻むことで音を記録する．いずれの場合も，音の波形を記録することが音の記録になる．

　ところで，単なる音ではなく音楽の場合は，若干事情が異なる．楽譜に曲を記録し，同じ構造の楽器で演奏すれば，私たちは，「まったく同じ」とはいえないものの，300年前の音楽を聞くことができる．楽器の構造から決まる音色と楽曲を記した楽譜は，波形そのものではなく波形の再現方法を記録したという意味で，音の記録になっている．

12.3.3　楽器とディジタル技術

　前項で，アナログ方式による音の記録は音の波形を記録することであると述べながら，楽器と楽譜による音楽の記録があることを指摘した．コンピュータが普及した後の音の記録も，まったく同じ事情が存在する．

　楽器の音を再現する場合，すでに述べたようにその楽器そのものを用いるのではなく，他の機械を利用して波形を再現する方法も考えられる．この時用いられる機械をシンセサイザーという．

　シンセサイザーには，アナログ式とディジタル式の2つの方式があって，情報技術が普及する以前は，アナログ式が主流であった（図12.3）．アナログ式シンセサイザーは，基本となる波形（三角波，矩形波，パルス波など）を選び，それに様々な変化を与えることで音を作り出すものであったが，調整可能な部分が少なく，現実の楽器の音によく似た音を

作り出すことはほとんど不可能であった．いわゆるテクノポップと呼ばれるシンセサイザー音楽が 1970 年代後半から 1980 年代中盤にかけて流行したが，それは，アナログ式シンセサイザーによって作り出される「いかにも電子楽器の音」を使った曲であった．

図 12.3　アナログ式シンセサイザー

　ディジタル式シンセサイザーは，まず，実際の楽器の音の特徴（音色や強弱など）をディジタルデータで何種類も記憶しておく．鍵盤（キーボード）の鍵（キー）が押されると，その鍵に対応した音程で，音の特徴に合わせた音を計算によって作り出す．

　例えば，ある特定の音について「ピアノの倍音成分と音の振幅の変化」を記録しておけば，周波数を変えるだけでその音と異なる音程の音を出力できる．ただし，例えばギターの第 1 弦の開放と第 2 弦 5 フレットの

音は，同じ音程（E）でも異なる音色に聞こえる．このように同じ楽器でも音程によって音色が異なる．必要に応じて，音色を変化させることもある．また，音の立ち上がり（例えば，鍵盤を押してから音が出始めるまでの時間，ピークになるまでの時間など）や，持続時間（鍵盤を押したままで音の大きさが減衰していく様子や，鍵盤から指を離した後の音の強さの変化の様子）なども計算で再現している．

ディジタル式シンセサイザーが登場すると，様々な楽器の音を簡単に再現できるようになったばかりでなく，MIDI と呼ばれるシンセサイザー同士を接続するネットワークが開発されたおかげで，複数のシンセサイザーを接続して合奏できるようになった．また，多くの音楽がシンセサイザーで演奏できるように楽譜化されたおかげで，ディジタルカラオケ，構内放送，携帯電話の着信メロディーなど，様々なところでディジタル式シンセサイザーが利用されるようになり，結果として，メロディーの知的財産価値が高くなった．

12.3.4　コンピュータとしての機能

ここで，ディジタル式シンセサイザーがコンピュータの機能を有していることを示す（図 12.4）．

- **入力**
    - コンピュータで測定
        - MIDI ネットワーク
    - 人間が入力
        - 鍵盤の押し下げ，各ツマミの設定，ペダル
- **出力**：DA 変換器を通して音にする．MIDI ネットワークを利用して，他の楽器などに演奏情報を伝える．ディスプレイなどに文

字を表示させたり，ランプをつけたりする．
- **記憶**
    - 各楽器ごとの基本的な音色データ
    - 音程ごとの周波数
    - 周波数から音色を作り出すプログラム
    - その瞬間に押されている鍵盤
    - MIDIネットワークから入手した演奏情報
- **演算**：音色データから波形を計算する．
- **制御**：上記入力・出力機器の安定動作と，メトロノーム，MIDIネットワークなどの割り込み制御を行う．

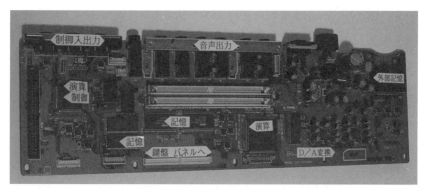

図12.4　ディジタル式シンセサイザーの基板

12.4　自動車の燃料噴射制御装置

　自動車が利用している情報技術といわれると，真っ先に思い浮かぶのは，カーナビゲーションシステムやカーステレオなどの娯楽機器，そして，近年開発・高機能化が著しい自動運転システムであろう．このよう

に自動車では数多くの情報技術が利用されているが，その中でも，古くから重要な役割を果たしてきたのは燃料噴射制御装置である．

12.4.1　自動車に利用されている情報技術

　大気汚染が深刻な問題になった昭和40年代後半，日本政府は様々な大気汚染対策を実行し始めた．「昭和53年排出ガス規制」は，世界的に見ても非常に厳しい基準であり，日本国内で自動車を販売するメーカーには，この基準に合わせて排ガスをきれいにすることが求められた．

　当時利用されていたキャブレターという部品は，圧力差を利用してエンジンに燃料を吸い込ませていたため，微妙な制御ができず，燃料を完全に燃焼させることができなかった．その結果，排ガスに汚染物質が残ってしまっていた．

　自動車によく使われている4サイクルエンジンの場合，2回転で1気筒につき1回の爆発がある．例えば，4気筒エンジンを3,000 rpm（回転／分）させると，1秒につき$4 \times 1500 \div 60 = 100$回の燃料噴射・爆発を行う必要がある．その爆発のそれぞれに，どの程度の燃料を吹き込むべきかを計算するのは簡単ではない．

　そこで利用されたのが，燃料を積極的に吹き込むインジェクションと呼ばれる機器である．インジェクションをコンピュータを用いて制御することで，燃料の使用量を精密に制御することができ，結果として排ガスがきれいになる．

12.4.2　ディーゼルエンジンの制御

　ガソリンエンジンの排ガス対策が進む一方で，業務用エンジンとして多用されてきたディーゼルエンジンの対策は遅れていた．多くの人は，「ディーゼルエンジンは黒い煙を出すエンジン」というイメージをもっ

ていたが，1990年代にディーゼルエンジンにも電子制御による効率化が行われるようになり，このイメージは覆された．さらに，ディーゼルエンジンの排ガス中の二酸化炭素排出量は，ガソリンエンジンのそれよりも少ない．その結果，2010年代には，「二酸化炭素排出に関する京都議定書」の規制を守るために，政策によって，自動車エンジンに占めるディーゼルエンジンの比率が増えるように誘導されていた国もあった．

12.4.3　コンピュータとしての機能

ここで，自動車の燃料噴射制御装置がコンピュータの機能を有していることを示す．

- **入力**
  - コンピュータで測定
    - 取り入れた空気の温度・量・圧力，排ガス温度・圧力，エンジン回転数
  - 人間が入力
    - アクセルペダル
- **出力**：インジェクタに的確な電圧・電流を送り，燃料を噴射させる．
- **演算**：噴射燃料量を計算する．
- **記憶**：上記データと制御プログラムを記憶する．
- **制御**：上記入力・出力機器の安定動作を行う．

いまや，同じエンジンであっても，コンピュータのプログラム次第で排ガスの成分やエンジンの出力，燃費などを大きく変えることができるようになった．すなわち，コンピュータプログラムの性能が自動車の性能の非常に大きな決定要因になったのである．

演習課題

[12.1] 身近な家電製品のどこにコンピュータが内蔵されているかを調べ、「入出力」「記憶」「演算・制御」の機能を表にしてまとめよ.

[12.2] 人間の身体的な行動の中で、「入出力」「記憶」「演算・制御」に該当する機能・作業を分類して述べよ.
例：「物を見ることは、画像の入力である.」

[12.3] micro:bit を入手し、Scratch を利用して動作を制御してみよ.

[12.4] 本章で取り上げたシンセサイザー、自動車の他にも、様々な機械・システムにコンピュータが組み込まれている. どのようなものがあるかを調べ、入力、出力、演算、記憶、制御などの各機能の具体的な状況について述べよ.

参考文献

[1] Brian W. Kernighan『ディジタル作法―カーニハン先生の「情報」教室―』久野靖・訳、オーム社、2013 年
[2] 阪田史郎、高田広章・編著『IT Text 組込みシステム』オーム社、2006 年

13 | プログラミングを利用した
シミュレーション

辰己　丈夫

《目標＆ポイント》　本章では，身の回りの問題をコンピュータで処理できる形に整理するモデル化の考え方を説明する．その後，モデルを利用したプログラミングにより，現実の問題を解決する手法であるシミュレーションを学ぶ．
《キーワード》　問題解決，モデル，シミュレーション，AI

13.1　抽象化・モデル化

　世の中には様々な対象がある．その対象について考えることで，状況を理解し，さらに問題を解決することができる．
　ここでは，これらの行為を次のように定義する．

- **抽象化**：対象を分析し，様々な要素を探し，それらに名前（変数名など）をつけて（頭の中で）概念とし，（広義の）言語で明確にすること．
- **モデル化**：抽象化によって得られた名前同士の関係を記述したり，描いたり，作り出したりすること．

以下では，例を挙げて，モデル化について考えてみよう．

- **色**：私たち人間の目にある網膜は，「赤（R）」「緑（G）」「青（B）」の3色の光について，その強さの違いを色として認識している．つまり，色は，この3つの要素にモデル化できる．

第13章 プログラミングを利用したシミュレーション | **223**

- 音：音は，物理の観点から見れば，空気の疎密波である．すなわち，音は，圧力の変化（波）でモデル化できる．
- 雲の形：私たちは，昼に空を見て，様々な形の雲があることに気がつく．雲の形は同一ではなく，いろいろな形があるが，典型的な形の雲や，時間によって現れる雲など，様々な特徴があることがわかる．そこで，雲の様子に名前をつける．これが，抽象化の最初のステップである分析である．次に，分析された雲の特徴を考える．季節ごとに分けてもよいし，高さごとに分けてもよい．あるいは，雨を降らせるかどうかや，飛行機雲のように人工的に作られた雲かどうかで他と分けることもある．これがモデル化である．

  分析による抽象化とモデル化をすると，雲のことがよくわかる．例えば，雲の映像を作り出すプログラムを作成し，農作業のシミュレーションや飛行機の操縦シミュレータに活用することもできる．
- 地球儀：地球上には様々な大陸や島がある．これらの大陸や島の形を分析して，球体の上に描いていくと地球儀ができる．地球儀の上に描かれた島や大陸は抽象化によるものであり，そして，私たちの地球がどのようになっているかを理解する地球儀全体がモデルである．地球儀ができると，例えば，夏至や冬至の日の出と日没の時刻がどのように決まるのか，白夜はどうして発生するのかなどがわかるようになる．また，地球上の2都市，例えば東京とニューヨークの最短経路がどうなっているのかが，わかりやすくなる．今のようにコンピュータやGPSがなかった頃は，実際に飛行機を飛ばす際に，地球儀は大いに参考になったであろう．

まとめると，モデル化を行うことのメリットは2つある．

- 対象を分析することで，よく理解することができる．
- 理解したことを利用して，何かに役立てることができる．

状況がわからない対象があれば，分析・抽象化・モデル化を行うことは有効な手段である．

13.2 問題を選定する

13.2.1 日常生活に密接な問題の選定

「旅行先としてどこが適切か」「将来の職業選択をどのようにすべきか」などの問題は，その適切さを数値化することがかなり困難である．

13.2.2 数値化できる日常の問題

対象を数値化できるならば，次の問題をモデルによって解くことができる可能性がある．

- 地図や取材を利用して，駅から学校までの最短経路を求める．
- 時間の制約がある中で，できるだけ安く目的地へ移動するプランを求める．
- 自分にとって適切なパソコンを選ぶ．
- 家を建て替えるので，間取りを設計する．

13.2.3 日常生活に密接でない問題

日常生活ではあまり想定されないような状況であっても，モデル化のことを学ぶ題材として，次の例のような題材を利用することがある．

- たくさんのカードの中から，条件に合ったカードを捜す．
- X 年 Y 月 Z 日は何曜日かを求める．
- 水槽の水量の変化をグラフにする．
- 特別なルールのゲームをシミュレーションしてみる．

13.2.4 コンピュータでモデルを取り扱う

モデル化された対象は，名前がついていたり，形として描かれていたりする．コンピュータは，名前のついた対象を扱うのが得意である．また，それぞれの関係を，数値や数式，プログラミングを利用して記述すれば，コンピュータで様々な現象を考察することができるようになる．

また，扱う対象は，すべて（広い意味で）数値化されていなければならない．（広い意味での）数値化とは，順番をつけることでもよい．

すでに見てきたように，文字，色，画像，音については，ディジタル化して取り扱えるようになっていることから，文字，色，画像，音に関するモデル化は，コンピュータで取り扱うことができるといえる．

13.3 モデル化とシミュレーションによる問題解決

モデル化された対象をプログラムや表計算ソフト等を利用して模倣し，実際にどのような現象が生じるかに関して，現実の作業をせずに予想することを**シミュレーション**という（図 13.1）．

例えば，まず「物理モデル」「数式モデル」を考える．物理モデルにおいては飛行機や自動車の風洞実験や，家を設計する際のミニチュアを利用した検討などがある．また，数式モデルでは，対象の状態遷移を連立漸化式の形で記述し，その後はプログラムや表計算ソフトを利用する．

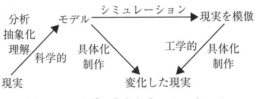

図 13.1 モデル化とシミュレーション

13.3.1 モデル化とシミュレーションとは文章題

モデル化とシミュレーションの内容は，小学校高学年における算数の文章題にまで遡ることができ，そこでは「……の値を x とおく」という作業が行われる．これが，モデル化とシミュレーションを学ぶ入門段階である．次の問題を考える．

まことさんは，家から学校までを時速 6 km で行き，学校から家までを時速 4 km で帰りました．まことさんの平均時速を求めなさい．

この問題は，次のようにして解くことができる．
- 家と学校の距離を x [km] とおく．
- 往復のそれぞれに要した時間を，数式で $\dfrac{x}{6} + \dfrac{x}{4}$ と表す．
- 往復の距離は $2x$ [km] であるから，平均時速は

$$\frac{2x}{\dfrac{x}{6} + \dfrac{x}{4}} = \frac{24}{5} = 4.8 \ [\text{km/h}]$$

ここで行われた「家と学校の距離を x [km] とおく」という作業は，問題文で扱われていない変数を自ら発見・定義し，問題を解くために行う作業である．同様の問題は，中学校理科の「モル数や原子量」や，公民の「民主主義における多数決原理」などにも現われる．

「変数」とはいわば，抽象化とモデル化の重要な視点であるといえる．

13.3.2 つるかめ算

ここでは，モデル化とシミュレーションの課題例として，つるかめ算を取り上げる．

> つるとかめが合わせて 100 匹いました．足の数を数えると，合計で
> 342 本でした．つるとかめはそれぞれ何匹いますか？

　この問題は，つるかめ算と呼ばれている．「つるとかめの足の合計を
数える時には，それぞれを別に数えるべきである」という指摘もあるが，
ここでは，数式を利用した解法の例として捉える．
　この問題に対して，小学校段階で紹介される解法は次のものである．

> かめが足を 2 本引っ込めていたと仮定すると，足の合計は 200 本と
> なるはずである．これは，実際の足の本数より 142 本少ない．この
> 少ない分の足はかめが足を 2 本引っ込めていたと仮定したからであ
> る．したがって，かめは $\frac{142}{2} = 71$ 匹であり，つるは $100 - 71 = 29$
> 匹である．

　この解法は本問に固有の状態を利用したものであり，一般的であると
は言い難い．そこで，中学校程度では連立一次方程式の応用例として，
本問を取り上げることがある．

> つるを x 匹，かめを y 匹と仮定すると，与えられた条件は，$x + y =$
> 100，$2x + 4y = 342$ である．これを連立一次方程式として解くと，x
> $= 29$，$y = 71$ を得る．

　これは，この問題に固有の解法ではなく，同様の様々な問題に対して
も適用可能な解法である．言い換えると，問題固有の解法を覚えなけれ
ば解けない段階から，個々の問題に共通した解法の存在を知る抽象的な

段階へ昇格しているともいえる.

本問を, 表計算ソフトを利用して解く場合を考えてみよう. この場合は, 表 13.1 のように入力 (実際には, オートフィルを利用する) し, E列の値が 342 になる行を探せばよい.

表 13.1　つるかめ算を表計算ソフトで解く

	A	B	C	D	E
1	つる	つるの足	かめ	かめの足	足の合計
2	0	= A2*2	= 100 - A2	= C2 * 4	= B2 + D2
3	= A2 + 1	= A3*2	= 100 - A3	= C3 * 4	= B3 + D3
4	= A3 + 1	= A4*2	= 100 - A4	= C4 * 4	= B4 + D4
⋮	⋮	⋮	⋮	⋮	⋮

一方, この問題をプログラミングを利用して解く場合は, 図 13.2 のプログラムが考えられる.

```
goukei = int(input("つるとかめの匹数の合計"))
ashi = int(input("つるとかめの足数の合計"))

for tsuru in range(goukei + 1):
    kame = goukei - tsuru
    if 2 * tsuru + 4 * kame == ashi:
        print("つるは ", tsuru, " 羽です。")
        print("かめは ", kame, " 匹です。")
```

図 13.2　プログラミングを利用した, つるかめ算の解法

表計算ソフトを利用しても, プログラミングを利用しても, つるの匹数からつるの足の本数やかめの匹数, かめの足の本数, そして合計の本

第13章 プログラミングを利用したシミュレーション | **229**

数を求める式を作る行為がモデル化に相当し，条件に合うところを探す
行為がシミュレーションに相当する．

13.3.3　数式モデルの作成

ここで，数式モデルを利用した考え方についてまとめておく．

①わかっている数値を書き出す．

②求めたい数値を書き出す．

③それらの関係を作ってみる．

- うまくいけば OK．
- うまくいかない場合は，隠された変数を自分で探す．
- それでもうまくいかない場合は，問題（最初の設定）が悪い．

④数式モデルができたら，数学，表計算ソフト，プログラミングな
どを利用して解く．もし解けない場合は，数式モデルや変数が足
りないので，再度，関係を作るところからやり直す．

13.3.4　線形計画法のシミュレーション

次の問題を考える．

ある運送事業者 X 社は，来年中に車種 A，車種 B の 2 種類のトラッ
クを購入することにした．それぞれの車種 1 台について，積載可能
量と，満載時における汚染物質 C，汚染物質 N の 1 日当たりの排出
量（以下，C，N と略す）は以下のとおりである．

車種	積載可能量 [t/台]	C [g/日/台]	N [g/日/台]
A	6	300	500
B	3.8	200	300

> この会社では，来年中に購入する車では，C を 9000 ［g/ 日］，N を 14000 ［g/ 日］ に抑えることになった．
> 積載可能量を最大にするには，車種 A と車種 B を何台ずつ購入すればいいか．

　この問題では，車種 A を a 台，車種 B を b 台購入すると仮定する．また，積載可能量を表す変数を s とおく．この時，a，b，s の関係は，満載時に走行距離 1 キロ当たりで，次の式で表すことができる．

- 汚染物質 C について $300a + 200b \leq 9000$ 　　　　　　　　　　(13.1)
- 汚染物質 N について $500a + 300b \leq 14000$ 　　　　　　　　　(13.2)
- 積載可能量について $s = 6a + 3.8b$ 　　　　　　　　　　　　　(13.3)

このように与えられた条件を a，b，s を用いて数式で表すと，考えやすくなる．そして，ここでは，s を最大にする自然数 a，b を求める．

　数学的に見れば，式（13.1）（13.2）（13.3）は，線形計画法に典型的な問題であるが，a，b の値は非負整数上を動くため，s の最大値問題を解くことは数学的には容易ではない．一方，この問題を表計算ソフトやプログラミングで分析することができれば，数学の解法よりもはるかに簡単に正解を求めることができる．

　①まず，車種 A の台数 a_daisu を 0 台にする．

　②「その台数の C と N の排出可能量」（osen_c, osen_n）を，車種 B の 1 台当たりの C と N の排出量で割ることで，車種 B を何台購入できるか b_daisu が明らかになる（C と N の両方の排出量の条件を満たすことが必要となる）．

　③その時の積載可能量を計算する．それまでにわかっている積載可能量の最大値より大きければ，それを記憶する．

　④車種 A の台数 a_daisu を 1 台増やし，車種 A が増えた分だけ

「その台数のCとNの排出可能量」(osen_c, osen_n)を減じる.

⑤以上の手順を繰り返していき，排出可能な汚染物質の量のどちら
かが0になるまで続ける.

以上より，次の図13.3のプログラムを作ることができる．実行して
みると，車種Aを10台，車種Bを30台購入した時に積載可能量を最
大にすることができることがわかった（図13.4）.

```python
import matplotlib.pyplot as plt

a_sekisai, a_osen_c, a_osen_n = 6, 300, 500
b_sekisai, b_osen_c, b_osen_n = 3.8, 200, 300
osen_c, osen_n = 9000, 14000

a = []
s = []
a_saidai, b_saidai, s_saidai = 0, 0, 0

a_daisu= 0
while osen_c >= 0 and osen_n >= 0:
    b_daisu = min(int(osen_c / b_osen_c),
                  int(osen_n / b_osen_n))
    sekisai = (a_sekisai * a_daisu
               + b_sekisai * b_daisu)
    print('A = ', a_daisu,
          ', B = ', b_daisu,
          ', s = ', sekisai)
    a.append(a_daisu)
    s.append(sekisai)
    if (sekisai > s_saidai):
        s_saidai = sekisai
        a_saidai = a_daisu
        b_saidai = b_daisu
    a_daisu += 1
    osen_c -= a_osen_c
    osen_n -= a_osen_n
```

```
plt.plot(a, s)
plt.xlabel("A")
plt.ylabel("sekisai")
print('Result: A = ', a_saidai,
      ', B = ', b_saidai, ', s = ', s_saidai)
```

図 13.3　線形計画法

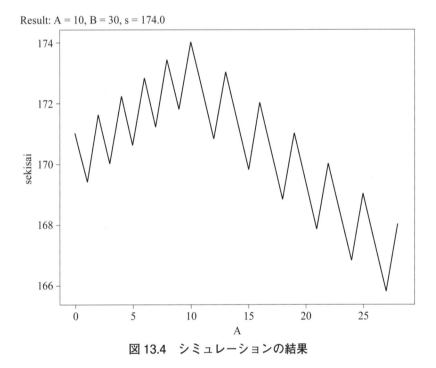

図 13.4　シミュレーションの結果

13.3.5　物理現象のシミュレーション

　ここでは，落下する物体が空気抵抗を受けず，古典力学（ニュートン力学）の法則に従っていると仮定した場合で考える．物体の自由落下の

第 13 章　プログラミングを利用したシミュレーション　｜　**233**

軌跡を表示させるシミュレーションを行うプログラムを図 13.5 に, 表
示結果を図 13.6 に示す.

```python
# x, y のリストに append を使わないプログラム
# matplotlib で描画
import math as math
import matplotlib.pyplot as plt

span = 10 # 継続秒数
dt = 0.01 # 微小時間 ( 時間間隔 )
v0 = 30.0 # 初速度
g = 9.8 # 重力加速度

times = int(0.5 + span / dt) # 繰り返し回数
x = [0.0] * (1 + times) # 水平位置の初期値
y = [0.0] * (1 + times) # 垂直位置の初期値
h = 0.7 # 反発係数
angle = 65.0 * math.pi / 180.0 # 投げ上げ角度

# 描画領域の縦横の大きさとズーム率
x_size, y_size, zoom = 6, 2, 20

vx = v0 * math.cos(angle) # 水平方向の初速度
vy = v0 * math.sin(angle) # 鉛直方向の初速度

# step t から step t+1 への位置を計算する
for t in range(times):
    # 水平方向の新しい位置を リスト x に追加
    x[t + 1] = x[t] + vx * dt

    # 微小時間後の鉛直方向の速度を仮計算する
    new_vy = vy - g * dt
    # 微小時間後の鉛直位置を仮計算する
    new_y = y[t] + (vy + new_vy) / 2.0 * dt

    # 地面にぶつかっていないとして,
    # 微小時間後の鉛直方向の速度を設定する
```

```
        vy = new_vy
        # もし微小時間後の鉛直位置の仮計算値が
        # 0 より小さいなら
        # 地面に当たっていることになるので
        if new_y < 0:
            vy = -new_vy * h  # 反発係数 h で反発
            new_y = -new_y  # 反発したあとの位置
        y[t + 1] = new_y  # 微小時間後の
                         # 鉛直位置をリスト y に追加

plt.figure(figsize=[x_size, y_size])
plt.plot(x, y)  # 位置の配列をプロット
plt.title("parabollic motion")  # グラフタイトル
plt.xlabel("distance")  #x 軸ラベル
plt.ylabel("height")  #y 軸ラベル
plt.xlim(0, zoom * x_size)  # 描画領域 x 方向
plt.ylim(0, zoom * y_size)  # 描画領域 y 方向
```

図 13.5　自由落下

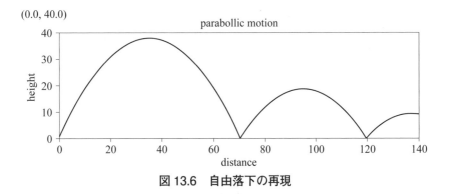

図 13.6　自由落下の再現

このプログラムでできあがった画像を見ると，あたかも，実際に物体

第13章 プログラミングを利用したシミュレーション | **235**

が落下している軌跡を描いているように見える．実際の観測データと比較してみると，プログラムで描いた軌跡がかなり正確になっていることがわかる．ただし，普通の教室などで実験した結果と，このシミュレーション結果を精密に比較してみると，微妙にずれていることもわかる．現実には空気の抵抗があり，また，理想的な反発の仕方をせずに物体が飛び跳ねる．さらに，反発した時の速度の変化も，微妙に計算式が異なっている[1]．したがって，空気抵抗や飛び跳ね方をなるべく正確にシミュレーションするには，このプログラムでは十分ではなく，さらなる物理学などの理論を利用したシミュレーションが必要となる．

13.4　確率を使ったシミュレーション

5章で取り上げた**モンティー・ホール問題**を，シミュレーションで確認してみよう．

13.4.1　参加者が途中で選択を変えない場合

図13.7のプログラムは，参加者が途中で選択を変えない場合の当たりを得る確率を求めている．

```
# モンティー・ホール問題：途中で選択を変えない場合
import random as rd
kaisu = 1000 # 実験回数
atatta = 0 # 当たった回数を数える
hakosu = 3 # 箱の個数

for _ in range(kaisu):
    # 当たりが置かれている箱の番号
    atari = rd.randint(1, hakosu)
```

---

[1] ── 物体が十分に高速であれば，古典力学では説明できないこともあるが，それは本稿の範囲外とする．

```
    # 参加者が言う「ここ」の番号
    sankasya = rd.randint(1, hakosu)

    # 当たったかどうかを調べる
    if atari == sankasya:
        atatta += 1

print("Atari:", atatta / kaisu)
```

図 13.7　モンティー・ホール問題：途中で選択を変えない場合

おおむね 0.33 程度の値が得られる.

13.4.2　参加者が途中で選択を変える場合

　図 13.8 のプログラムは，参加者が途中で選択を変える場合の当たりを得る確率を求めている.

```
# モンティー・ホール問題：途中で選択を変える場合
import random as rd
kaisu, atatta = 1000,0 # 実験回数，当たった回数
hakosu = 3 # 箱の個数

for _ in range(kaisu):
    # 当たりが置かれている箱の番号
    atari = rd.randint(1, hakosu)
    # 参加者が言う「ここ」の番号
    sankasya = rd.randint(1, hakosu)

    # 司会者が開ける番号の初期値
    shikai = atari
    # 司会者は当たりでもなく,
    # 参加者が言った番号でもない番号を開ける
    while (shikai == atari
            or shikai == sankasya):
        shikai = rd.randint(1, hakosu)
```

第13章　プログラミングを利用したシミュレーション | **237**

```
    # 参加者が変更する番号の初期値
    new_sankasya = sankasya
    # 参加者は最初の番号でもなく，
    # 司会者が開けた番号でもない番号を言う
    while (new_sankasya == sankasya
           or new_sankasya == shikai):
        new_sankasya = rd.randint(1, hakosu)

    # 当たったかどうかを調べる
    if atari == new_sankasya:
        atatta += 1

print("Atari:", atatta / kaisu)
```

図 13.8　モンティー・ホール問題：途中で選択を変える場合

おおむね 0.67 程度の値が得られる．

13.4.3　結論

これまでの議論より，参加者が途中で選択を変えない場合よりも，参加者が途中で選択を変える場合の方が確率が大きくなる．よって，この問題において宝物を得る確率が高いのは，「選択を変えるべき」の方であると，実験的には結論できる．

13.5　モデルと人工知能

13.5.1　モデル化が難しい例

抽象化された対象なら，何でもモデル化できるわけではない．

- 囲碁の棋譜をモデル化することは，過去何十年間も取り組まれてきたが，現時点でも完全にモデル化できているとはいえない．状

況が複雑過ぎて，抽象化できていないためである.

- 料理や香水の匂いをモデル化することも，まだ不十分である．これは，光や音と違って，味や匂いの知覚がどのようなものから構成されているかが，まだ十分に解明されておらず，抽象化・モデル化できていないことが原因であろう.
- 私たちが話す自然言語（日本語や英語など）がどのような意味をもつかということですら，まだ十分にモデル化できているわけではない．この部分のモデル化が達成されれば，流暢な自動翻訳ソフトが完成するはずである.
- ある理論に基づいて，ある企業の株価についてのシミュレーションをしても，実際には，そのシミュレーションと異なる値動きになることがある.
- 別の理論に基づいて，ある地域の降雪量をシミュレーションで求めても，実際の降雪量を当てることは容易ではない.

このように，シミュレーションが現実と合わない理由として考えられる項目は多い.

① 現実をシミュレーションする理論が完成していない（モデル化が不完全）.

② 本当なら考慮すべき変数を考慮しないで計算している（モデル化が不完全）.

③ コンピュータの計算能力が不足している.

13.5.2　統計的推論，機械学習，人工知能（AI）

因果関係が不明で，モデル化が困難な問題であっても，統計的な相関が見られる場合は，統計的な推論を利用して，データの振る舞いを予想することになる．例えば，特性要因図の作成，単回帰分析，重回帰分析

の方法などによって，データそのものがどのように動いているかを分析して，利用することができる．

また，近年は，現実の問題を解決するためのシミュレーション以外の方法として，**人工知能**（**AI**）が利用されつつある．2020年頃から利用されている人工知能は，主に機械学習と呼ばれる方法を利用している．現在，よく利用されている機械学習は，次に挙げるものである．

- **教師あり機械学習**：人間が分類したデータを，その分類ラベルとともに提示し，それを分析する．例えば，人間がネコの画像であると認識している画像と，ネコの画像ではないと認識している画像を大量に用意して，人工知能に学習させる．
- **教師なし機械学習**：上記のような正解が設定されていないデータを入力して，人工知能に学習させる．この場合は，データのクラスタ分析やデータの傾向を見つけることができる．
- **強化学習**：教師データを与えるのではなく，評価方法を設定する．乱数などを利用してデータを生成し，良い評価のデータと悪い評価のデータに分けることで，生成する出力を洗練させ，良い出力を生成できるようにする方法である．例えば，囲碁や将棋，オセロ，チェスなどのゲームの場合，評価方法は勝勢か劣勢かである．そこで，乱数に従って次の手を打った場合の評価を調べることで，ゲームを進めることができる．

なお，人工知能を利用する場合には，モデル化をまったく行う必要がないというわけではない．教師ありデータのラベル付けや，教師なしデータのクラスタ分析の解釈，強化学習の評価方法の設定などに，モデル化は必須の手法である．上記の例でいえば，ゲームの「勝勢か劣勢か」を評価するには，良いモデルが必要である．

13.5.3　大規模言語モデル（LLM）

前述した機械学習の仕組みを利用して，現実のデータによく似たデータを作り出す仕組みが，**生成 AI**（Generative AI）である．

①現実に存在しているデータを大量に機械学習させる．

②乱数を発生させ，現実に存在しているデータに近いかどうかを判定する．

③現実に近いデータであれば出力する．

また，たくさんの正しい文を学習させると，ある単語の次にどの単語が続くかの確率を求めることができる．例えば，次のことがいえるだろう．

- 起こり得る（確率が 0 より有意に大きい）
  - 「千葉県の」の後ろに「放送」という語がある．
  - 「千葉県の放送」の後ろに「大学」という語がある．
  - 「千葉県の放送大学」の後ろに「の隣に」という語がある．
  - 「千葉県の放送」の後ろに「局は」という語がある．
  - 「千葉県の放送局は」の後ろに「いくつ」という語がある．
- ほぼ起こり得ない（確率がほぼ 0 である）
  - 「千葉県の」の後ろに「逢坂関」という語がある．
  - 「千葉県の放送」の後ろに「カレーライス」という語がある．
  - 「千葉県の放送大学」の後ろに「唐辛子」という語がある．

このようにして，各言語の多くの単語の「続き方」の確率を計算してできあがったのが，**大規模言語モデル（LLM）**である．LLM を利用すると，人間が入力した質問文に合った回答文を作成することが可能となる．これが，対話型の生成 AI の基本的な仕組みである．

このように，AI の世界でも，モデルを考えることは非常に重要である．

第13章　プログラミングを利用したシミュレーション　|　**241**

演習課題

［13.1］日常の様々な現象を分析し，値や関係をモデルとして記述せよ．

［13.2］中学校や高校の理科や社会科（地理歴史科）の内容からモデル化できるものを探し，モデルを書け．

［13.3］つるかめ算のバリエーションである「つるかめカブトムシ算」の問題を自分で考え，その問題をプログラミングを利用して解け．

参考文献

［1］奥村晴彦『C言語による最新アルゴリズム事典』技術評論社，1991
［2］東北大学総合知デジタルアーカイブ「和算資料」，https://touda.tohoku.ac.jp/collection/database/library/collection/wasan（2024.06.20 アクセス）

14 | ひとにやさしい情報システム

兼宗　進

《目標＆ポイント》　本章では，情報システムの考え方を理解し，その利点を活かして情報システムがどのように利用されているかを学ぶ．
《キーワード》　情報システム，クライアントサーバシステム，ソフトウェア開発モデル，ユーザインタフェース，オブジェクト指向，セキュリティ

14.1　身近な情報システム

情報システムは，私たちの社会生活を維持するために活用されるコンピュータシステムであり，複数のコンピュータがネットワークを介して，お互いに連携して動作する．

身近な情報システムとしては，電子メールやメッセージを交換するシステム，お店のレジシステム，銀行の送金システム，病院の電子カルテシステムなどが存在する．学校では，授業支援システムや成績管理システムが活用されている．また，Webサイトを通じた情報提供や，天気予報などの情報の提供にも，情報システムが深く関与している．天気予報でいえば，世界各地の気温や風速，気圧等の情報をセンサが収集し，それをコンピュータで解析することによって，未来の天気を予測している．

私たちが使うスマートフォンやパーソナルコンピュータ（パソコン）などの端末は，インターネット上にあるサーバと通信し合うことによって，お互いに連携しながら，メッセージ通信や情報検索などの役に立つ

動作を行っている．

14.2 情報システムの構成例

情報システムには様々な構成が存在するが，ここでは1つのサーバに多くのクライアントが接続して通信する**クライアントサーバシステム**を紹介する（図14.1）．クライアントサーバシステムは，コンピュータをクライアントとサーバに役割分担して運用される．クライアントは，サーバに処理のリクエストを送信し，サーバから処理結果のレスポンスを受け取る．クライアントには，パソコン，タブレット端末，スマートフォンなど，ユーザが操作するコンピュータが使われる．クライアントサーバシステムは，Webサイト，電子メールなど，様々な場面で利用されている．

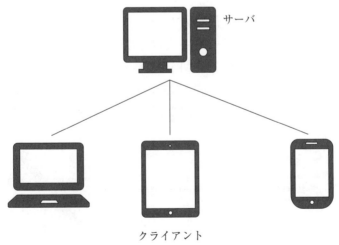

図14.1 クライアントサーバシステム

クライアントサーバシステムは，サーバが処理を行うことでクライア

ントの負担を軽減できる，サーバでデータを一元管理することでセキュリティを強化できる，サーバを増強することでシステムの規模を拡張できる，などの利点がある．

14.3　情報システムの開発の流れ

　ソフトウェアを開発する工程では，ソフトウェアを開発するために必要な一連の作業を順番に実施する．要求分析では，開発するソフトウェアの機能や性能などを定義する．外部設計では，要件に基づきソフトウェアやインタフェースを設計する．内部設計では，個々のモジュールの機能や仕様を設計する．実装では，設計に基づいてソフトウェアを実際に開発する．単体テストでは，個々のモジュールの動作を検証する．結合テストでは，複数のモジュールを組み合わせた動作を検証する．システムテスト（総合テスト）では，システム全体としての動作を検証する．運用・保守では，リリース後のソフトウェアの運用・保守を行う．

　ソフトウェア開発工程とテスト工程を対応させたモデルに図 14.2 の **V字モデル** がある．V字の左側は開発工程を，右側はテスト工程を表しており，図 14.2 の中央にある 3 つの矢印で示すように，内部設計で記述した内容は単体テストで，外部設計で記述した内容は結合テストで，

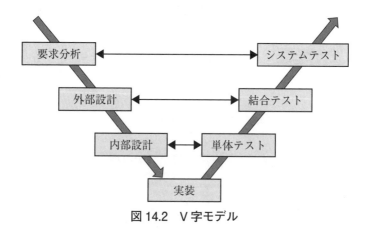

図 14.2　V字モデル

要求分析で記述した内容はシステムテストで検証する．これは，開発工程の各工程にそれぞれ対応するテストを実施することで，品質を向上させることを目的としている．

情報システムを開発する時には，Ｖ字モデルのような開発処理の流れを考える．このような流れは**ソフトウェア開発モデル**と呼ばれる．実際の開発の際には，必要に応じて前後の工程に戻って作業を行う開発モデルを採用することもある．

14.4　要求分析

要求分析では，ユーザへのインタビューやアンケート調査などを通してユーザのニーズに関する情報収集を行い，収集した情報を分析してユーザのニーズを明確にし，具体的な要件を定義する．要求分析を行うことで，ユーザのニーズを満たすソフトウェアを開発することができる．また，開発してからの修正を少なくできるため，開発コストを抑え，開発期間を短縮することが可能になる．

ソフトウェアを開発するためには，要件の定義が必要になる．しかし，解決すべき課題はユーザ自身でも正確に分析できていないことがあるため，解決すべき困りごとや課題を，分析を通して発見する必要がある．この作業が要求分析である．

要求分析では，誰がそのシステムのユーザなのかという分析から始める．この分析には，そのシステムに関わる人と行う作業を整理するためのユースケース図を使うことができる．例えば，飲料の自動販売機を考えてみると，買い物をする顧客の他に，商品を補充する担当者が関係者として考えられる．顧客の解決すべき課題は，飲み物を自動販売機で購入することによって，喉が渇いているという問題を解決することである．商品を補充する担当者の課題は，自動販売機の中で商品の在庫がなくな

ることを事前に防ぐことにあり，販売時に支払われた現金を回収して確実に持ち帰る必要もある．図 14.3 に飲料の自動販売機のユースケース図を示す．

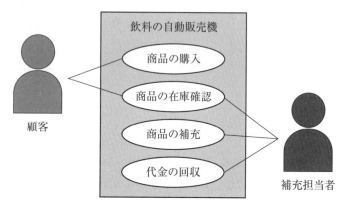

図 14.3　飲料の自動販売機のユースケース図

　システムとユーザのやり取りは，システムや機能ごとの処理と，それらの間の情報のやり取りを表すためのシーケンス図などを用いて表すことができる．図 14.4 に，顧客が商品を購入する時に自動販売機とやり取りする流れを時系列で示す．顧客がお金を入れると，購入できる商品のボタンが光り，購入する商品のボタンを押すと，商品とお釣りが渡される．図の中で実線はお金や商品の現物の移動を示しており，点線は光や押されたという情報の流れを示している．

　図 14.5 に，商店のカウンターで商品を購入する際のやり取りの例を示す．この例のように，3 つ以上の人やコンピュータが互いに連携して 1 つの仕事を達成する際のやり取りも，図を利用して整理することができる．

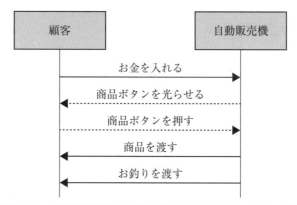

図 14.4　自動販売機で商品を購入する時のシーケンス図

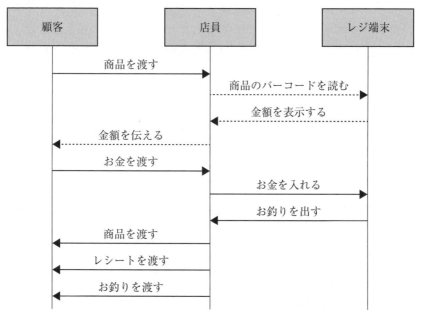

図 14.5　商店のカウンターで商品を購入する時のシーケンス図

14.5 外部設計

14.5.1 外部設計の概要

　要求分析によって解決すべき課題が明らかになった後は，そのシステムを利用するユーザの操作や行動を具体的に明らかにする．ユーザが行う行動，すなわちシステムを外部から見た動作を明確にすることを**外部設計**と呼ぶ．

　ユーザから見たシステムは，画面だけでなく，マウス操作やキー入力，そしてプリンタによる印刷など多岐に渡る．外部設計では，使用するユーザから見たすべての動作を規定する．外部設計は概要設計と呼ばれることもある．

　外部設計では，複数の設計を行う．ユーザインタフェース設計では，画面レイアウトや操作方法，データ出力などを設計する．機能設計では，入力や出力，処理の流れなどのシステムが提供する機能を設計する．アーキテクチャ設計では，システムの構成要素とそれらの関係について設計する．データ設計では，システムが扱うデータの構造や管理方法を定義し，データベースの設計やデータの流れ，データの保存方法などを設計する．

14.5.2 ユーザインタフェース設計

　ユーザインタフェース設計（UI 設計）では，要件定義書やユーザインタビューから収集した情報を分析し，ユーザのニーズを明確にした後，画面レイアウト，操作方法，画面遷移などを設計する．続いて，設計内容を実際に反映したプロトタイプ画面を作成し，ユーザに確認した結果に基づいて，設計内容を修正する．

　UI 設計は，ユーザにとっての使いやすさに大きく影響する重要な設

計である．ユーザがシステム全体を通してどのような体験をするかを設計するユーザ・エクスペリエンス設計（UX 設計）と密接に関連する．

UI 設計を行う上で，いくつかの考慮すべき点が存在する．一貫性は，画面レイアウトや操作方法，画面遷移などについて，すべての画面で統一性をもたせる．簡潔性は，必要な情報だけをわかりやすく表示する．効率性は，ユーザが目的の操作をスムーズに行えるようにする．視認性は，画面上の情報をわかりやすく表示する．操作性は，ユーザが迷わず操作できるような画面にする．

UI 設計では，スマートフォン，タブレット，パソコンのような異なるデバイスや画面サイズに対応するために，レイアウトや表示方法を柔軟に調整するレスポンシブデザインを考慮することが重要である．また，ユーザが行った操作に対する適切なフィードバックや，エラーが発生した場合の適切なエラーメッセージも設計上の重要な要素になる．

14.5.3　オブジェクト指向設計

コンピュータのシステムはプログラムで構成されるが，実際に動作する際にはプログラムとデータが一体となって利用される．プログラムの動作を中心とする開発は手続き型のプログラミングと呼ばれる．最近ではプログラムが動作を行うだけでなく，パソコンやスマートフォンの画面からユーザが操作を行うことによって，処理が行われる形の対話的な動作や，ネットワークから送られてくるデータを受信して処理を行う動作もある．このようにプログラムの処理の流れを単体で考えるのではなく，処理とデータを一体化して扱うための工夫として，**オブジェクト指向**の考え方が使われている．

オブジェクト指向では，画面に表示されるボタンや入力欄，外部機器として接続されたプリンタやロボットなどをオブジェクトとして扱う．

オブジェクトは内部にデータや状態等の情報をもち，必要な時に処理を行うためのプログラムが埋め込まれている．このようなオブジェクトを単位としてプログラムを設計していくことは，大規模なソフトウェアを開発するために有効である．

オブジェクト指向では，クラスとオブジェクトが使われる．画面に表示されたボタンのように，1つの扱う対象のことをオブジェクトと呼ぶ．ボタンには，押された時の動作を指定するプログラムが埋め込まれて扱われる．ボタン全体に対して，クラスと呼ばれるボタンの雛形を定義することができる．クラスに対してメソッドと呼ばれる命令を記述することで，すべてのボタンに対する動作を定義することができる．

14.6　内部設計

内部設計では，情報システムの開発者が設計を行う．具体的には，動作するプラットフォーム，システムを記述するプログラミング言語やデータベース，クライアントやサーバなど複数のコンピュータを連携させる方法，そして動作するプログラムをモジュールと呼ばれる部品にする方針などを検討する．内部設計は**詳細設計**と呼ばれることもある．

内部設計を行うことにより，開発についての具体的な情報を明らかにでき，その結果として必要な開発用コンピュータを用意したり，開発者の人数，開発期間などを具体化したりすることができる．

内部設計は，システムを複数のモジュールに分割して進める．システムをモジュールに分けて開発することにより，複数の開発者が作業を分担しやすくなる，モジュールごとのプログラミングやテストが容易になる，共通で使用する汎用的な機能を再利用できるようになる，といった利点が生まれる．

モジュールの設計においては，モジュール間の依存関係を最小限に抑

えること，モジュール内の機能を明確にすること，モジュール間のインタフェースを明確にすることが重要になる．

　図書館システムを機能ごとにモジュールに分割した例は図 14.6 に示す．個々の機能は独立して開発できるが，「タイトルからの検索と分類からの検索は共通の画面で結果を表示する」「検索結果の画面には貸出中の情報を表示する」といった形で，モジュール間で連携をとる動作が行われる．

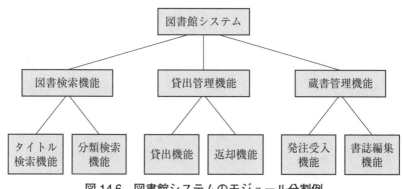

図 14.6　図書館システムのモジュール分割例

14.7　実装とテスト

　実装では，内部設計で検討したモジュール設計に基づき，複数の開発者が各自担当するモジュールのプログラムを開発する．そして，モジュールごとに適したプログラミング言語やライブラリを使用し，ネットワーク通信やデータベースと連携する形でシステムを開発する．

　情報システム全体の最終的な動作確認テストはすべてのモジュールが完成してから行われるが，モジュールごとのプログラム開発を行っている間は他のモジュールがすべて完成しているとは限らないため，モ

ジュール単体でプログラムを実行する形の**単体テスト**が行われる．その際，他のモジュールと連携する部分については，他のモジュールに頼らない形で，他のモジュールの代わりを行うようなダミーのインタフェースが用いられることがある．

個々のモジュールの単体テストが行われた後は，複数のモジュールを連携させて動作させる**結合テスト**が行われる．単体テストや結合テストを行う際には，ソースコードの内容を把握した上でテストを行う**ホワイトボックステスト**と，ソースコードの記述を見ない状態でユーザからの操作だけで動作確認を行う**ブラックボックステスト**が使われる．ホワイトボックステストでは，ソースコードの動作を見てからテスト項目を作成できるため，細かいテスト項目を用意することができるが，ソースコードに記述されていないような，プログラマが意図しないユーザの操作やデータに対してテストを行うことは困難な面がある．それに対して，ユーザが実際にシステムを操作する際の入力等を確認するブラックボックステストは，ソースコードを見ないため，細かい例外処理の確認は行えないが，開発時に意図していなかったデータを入力するといったテストを行うことが可能になる．

14.8　情報システムの運用・保守とセキュリティ

情報システムが社会で重要な役割を果たすようになるにつれて，それらが機能しなくなった時の影響は深刻なものになっている．情報システムを安定的に稼働させるためには，運用・保守とセキュリティ管理を適切に行うことが重要になる．

運用・保守は，システムやソフトウェアが安定して運用できるように日常的な管理を行う．これには，障害対応，性能監視，ログの管理，定期的なアップデートやパッチの適用，データのバックアップとリカバリ，

ハードウェアの保守，システムの最適化などが含まれる．

情報セキュリティは，データ，システム，ネットワークなどの情報資産を，情報の漏洩を防ぐ機密性，情報が改ざんされていないことを保証する完全性，必要な時に確実に情報にアクセスできる可用性の観点から保護することを目的とする．セキュリティ対策には，情報にアクセスできる権限を管理するアクセス制御，情報を読み取れないように変換する暗号化，ネットワークからの攻撃を防ぐファイアウォール，不正な侵入を検出する侵入検知システム（IDS），不正な侵入を遮断する侵入防止システム（IPS），情報セキュリティの対策を文書化するセキュリティポリシーの策定，情報システムの安全性を確認する定期的なセキュリティ監査などが含まれる．

情報システムを使用する際には，そのシステムを利用できるユーザが操作していることを**認証**により確認する必要がある．認証には複数の方式がある．よく使われているものとしては，パスワードや暗証番号のような「その人しか知らない」記憶の情報を使う認証がある．その他には，キャッシュカードのような「その人しか持っていない」所持の情報を使う認証がある．そして，指紋や顔の骨格，目の網膜などの「その人しか持っていない体の特徴」を利用する生体認証も存在する．認証はシステムにとって重要だが，システムを使うたびに認証を行っていると，システムを利用するユーザにとっては面倒であり，手間となってしまう．そこで，1つのシステムに認証してログインした後は，システム間で信頼関係のある他のシステムも使用できるようにするシングルサインオンが使われている．また，1種類の認証だけではなりすましなどの脆弱性があり得ることから，複数の要素を組み合わせた多要素認証が使われている．例えば，銀行のATMで現金を引き出す際には，キャッシュカードという所持の情報を使う認証と，暗証番号という記憶の情報を使う認証

を組み合わせることで，認証の精度を高めている．

情報システムにおいては，多くのユーザの重要なデータが格納されることから，セキュリティを守ることが重要になり，様々な安全性向上のための工夫が行われている．

14.9 まとめ

本章では，社会や生活をインフラとして支えている情報システムについて学習した．情報システムは，クライアントサーバシステムのように，ネットワークを介して複数のコンピュータが連携して動作する．

役に立つ情報システムを実現するためには，解決したい課題を明らかにする要求分析や，わかりやすい操作を実現するユーザインタフェースが必要になる．また，大切なデータを安全に管理するために，認証を含むセキュリティ管理が重要である．

演習課題

[14.1] スマートフォンやパソコンのアプリケーションについて，どのようなデータがサーバで保管されているかを検討せよ．

[14.2] 認証の種類について調べ，それぞれの性質を理解せよ．

15 | HCI と UX

遠山　紗矢香

《目標＆ポイント》　本章では，情報システムを利用するユーザとしての人間が，どのようにして操作対象について捉えたり，理解したりしているのか，その基本的な仕組みについて学ぶ．また，人間の生活や仕事を支援するシステムを，使いやすい形で提供するための考え方について概観する．
《キーワード》　ユーザ，インタフェース，ヒューマン・コンピュータ・インタラクション（HCI），ユーザ・エクスペリエンス（UX），デザイン

15.1　ヒューマン・コンピュータ・インタラクションとは

15.1.1　人工物のインタフェース

　私たち人間は，多様な人とやり取りをする傍らで，パソコンやスマートフォン，車など，様々な**人工物**を使いながら生活している．人間同士や，人工物と人間におけるやり取りのことを**インタラクション**と呼ぶ．この時，人工物を利用する人間を特に，**ユーザ**と呼ぶことがある．なぜ2つを区別するかというと，人工物とユーザのインタラクションは，人間同士のインタラクションと比べて意思疎通が難しい場合が少なくないからである．専門用語で言い換えると，人工物を**デザイン**した人の意図と，ユーザの意図とが，人工物上の**インタフェース**[1]を通じてやり取りされるためである（図 15.1）．

　インタフェースとは，情報システムとユーザとの接面を指す言葉である．インタフェースの具体例としては，自分の銀行口座からお金を引き出す時に使用する ATM の画面がある．ATM では，表示されるメッセー

---

[1]——ユーザと接するという意味で，ユーザインタフェース（UI）とも呼ばれる．

ジに従って暗証番号を入力したり，振込先口座番号を入力したりするなどの操作を行う．メッセージの文面，ボタンの大きさや位置，画面が表示される順番などはすべて，インタフェースの構成要素である．ボタンの大きさが変わるだけで，ユーザがどのくらい**使いやすい**と感じるかは変化する可能性がある．

　人工物からすれば，ユーザを慮って臨機応変に振る舞うことは一般的には困難である．特に，ATM のようにできることが限られており，ユーザが行うべき手続きも定型化されている人工物の場合は難しい．人間同士のインタラクションでは，言葉だけでなく身振り手振りや図示等の豊富な情報を交換しつつ，相手の表情や発言も参考情報としながら，互いに互いの意図を推測し合うインタラクションが行われることが多い．人間同士の場合，インタラクションを積み重ねることで，ユーザ自身も気づいていなかったような，ユーザが本当にやりたかったことが徐々に明らかになることも少なくない．

　こうしたことから，主に**ヒューマン・コンピュータ・インタラクション**（**HCI**）という領域では，ユーザにとって人工物とのインタラクションをよりよいものにするための研究が行われてきた．以降本章では，人工物の中でも特に情報システムに焦点を当てた議論を行う．

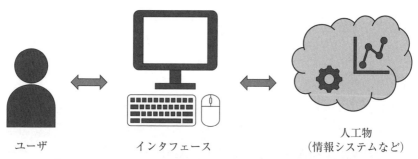

図 15.1　インタフェースを介したユーザと人工物のやり取り

15.1.2 ユーザ・エクスペリエンス

　情報システムとユーザがインタラクションを行う過程や，その前後でユーザが経験したり印象を受けたりしたこと全体を指して，**ユーザ・エクスペリエンス（UX）**と呼ぶ．情報システムが使いやすいかどうかは，インタフェースによって左右されるかもしれない．しかしながら，情報システムに対するユーザの評価は，ユーザがもっているブランドイメージや，情報システムを使う楽しさ，パッケージ製品ならば製品を箱から取り出すワクワク感といった，ユーザの主観的な印象も影響する．こうした主観も含めた，情報システムを利用する体験全体を指すのが，UX である．

　情報システムが高価だった時代，情報システムに直接触れるのは一部のユーザに限られていた．近年では ICT の普及に伴い，多様なユーザが様々な情報システムを操作する．このため，UX を改善するためには様々な角度からアプローチすることが求められる．ユーザの主観によって判断される部分がある以上，すべての人から等しく評価される UX を提供することは難しい．とはいえ，考慮すべきポイントを知った上で情報システムを設計すれば，UX を向上させることは可能である．以下ではそのポイントについて概観する．

15.1.3 ユーザが元来有する性質

　社会で生きていく上で，人間は有能な生き物である．しかしながら，ユーザとしての人間は，情報システムから提供されたインタフェースの中で行動を選択しなければならないため，有能に振る舞えないことがある．そのために知っておきたいのは，人間が同時に処理できる情報の量や処理の深さ[2]には限界があることである．例えば，Web サイトの場合，

★2 —— 人間が同時に処理できる情報の量や処理の深さは，ワーキングメモリの大きさに依存する．また，一瞬だけ記憶できる情報量（短期記憶に格納できる量）は，定型発達の成人の場合，互いに関連のないものであれば 4 〜 6 個程度が限界であることが知られている．

直前のページに表示されていた情報すべてを，次のページでユーザが記憶しているとは限らない．また，一度に複数の情報を与えて，それらを互いに組み合わせながら判断するような複雑な処理を短時間で行わせることも難しい．したがって，インタフェースでは，目的に合った最小限の情報を提供することや，必要に応じてその情報にいつでもアクセスできるように工夫することが有効だといえる．

また，Web サイト等でユーザの入力を受け付けるために用いられるボタンには，ユーザの行動を導くための**シグニファイア**[3] が付与されている．シグニファイアは，ボタンの形，色，配置といった，ユーザが知覚可能な情報として，情報システムを設計したデザイナーの意図を，ユーザに対して伝えることを補助する，つまりどのような操作や判断をユーザに期待しているのかを明確にする．

さらに，ユーザに示す情報の種類や，情報を示す順番も重要である．ユーザはこれまでの経験を踏まえて，また眼前にある情報システムとのインタラクションを通じて，情報システムがどのような機能をもっていて，どのように動くのかというイメージを自分の心の中に作っていく．これを**メンタルモデル**と呼ぶ（図 15.2）．操作が終盤に差し掛かってきた時に，ユーザが作ったメンタルモデルを否定するような情報が表示されてしまうと，ユーザは混乱してしまう．このため，デザイナーをはじめとする情報システムを作る側の人間は，ユーザが矛盾なくメンタルモデルを作り上げやすいように情報システムを構造化する必要がある．

★3 —— ドナルド・ノーマンによれば，シグニファイアは「知覚されたアフォーダンス」を指す．アフォーダンスとは，環境が，そこにいる人間（や動物）に対して発信している，インタラクションの可能性に関わる情報全般を指す．例えば，地面と水平に設置された棒があった時，幼児に対しては棒をくぐることをアフォードするが，大人に対しては棒をまたぐことをアフォードする．足が不自由な人には，棒を迂回することをアフォードするかもしれない．アフォーダンスが人に知覚されるかどうかは場合によって異なる．シグニファイアは，こうした身体性を伴う知覚には限定されない．

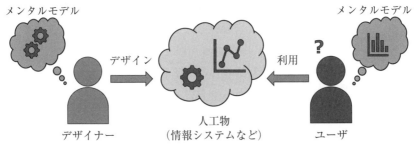

図 15.2　人工物の利用・デザインとメンタルモデル

　以上のようにユーザは，環境から受け取った情報を自分なりに整理していく存在である．この限りにおいては，同じ目的を果たす情報システムであれば，使いやすいものが選ばれる．しかしながら，ユーザの感情がこうした選択を覆すこともある．可愛らしいデザイン，使うこと自体が楽しいデザインなどは，使い勝手のよさを凌ぐ選択基準となることもある[4]．

15.1.4　ユーザがもっている知識・経験

　前項では，ユーザとしての人間全般に共通する性質を挙げた．一方で，対応が容易でないのは，同じインタフェースでも，ユーザによって受け止め方が異なる可能性がある点である．生まれたばかりの新生児でない限り，ユーザは自分の経験や知識を踏まえて，情報システムを扱う．初めて接する情報システムの場合，メンタルモデルを作り上げる上でこれまでの経験や知識を参照することは多い．しかし，当然のことながら知識や経験はユーザによって異なるため，同じインタフェースを使用しても，それに対する評価が分かれることがある．

---

[4] —— 卓球台の上で，卓球のボールを避けるように魚が泳ぐ「ピンポンプラス」のように，本来の機能を増強するわけではないデザインであっても，使うことによって楽しさ・喜びが得られるという理由で，ユーザに高く評価されることがある．
　https://www.ntticc.or.jp/ja/archive/works/pingpongplus/

このことに関連して気をつけたいのが，**機能的固着**と呼ばれる現象である．これは，ユーザが過去に経験した道具の使い方に基づいて，新たに使用する道具の使い方を推測する性質を指す．例えば，Webサイト上にある**ハイパーリンク（リンク）**は人工物だが，現代の多くのユーザは，文字の色が他の部分と異なる部分はリンクであり，その文字列をクリックすると別のWebページへ遷移することを知っている．ここでもし，色が周囲と異なるだけでリンクではない文字列があり，その文字列をユーザがクリックしたのにWebページが遷移しない場合，ユーザは混乱する．遷移しなかったのは自分の押し方が悪かったからではないか，インターネット接続が途切れてしまっていたからではないかなど，その文字列をリンクだと信じたまま解決方法を考えようとする．疑わないからこそ，自分が知っている意味づけに固着してしまい，解決方法が見つからずに困り果ててしまうことがある．

逆に，ユーザが使用経験を積み重ねることによって，使いやすいとはいえないインタフェースの方が，ユーザにとって使いやすく感じられることもある．身近な例として，オートマ車のアクセルとブレーキが挙げられる．インタフェースを設計する時は，ユーザの混乱を避けるために，1種類の操作に対して1つの結果を対応づけることが一般的である．しかしながらオートマ車の操作では，前進・加速することと停止することという2つの結果が，どちらも「ペダルを踏む」という同じ操作によって引き起こされる．踏むべきペダルは異なるものの，目の前に何かが飛び出してきた時などの緊急時にペダルを踏みかえることは，ユーザにとって意外と負荷が高い[5]．例えば，停止の際にはハンドルを手前に引く，前進・加速の際にはペダルを踏むなど，まったく異なる操作をそ

★5 —— ゴミ箱にゴミを投げ入れる，洗濯機に洗うべき衣類を投げ入れる，といった，共通した身体動作に対して異なる結果が生じることは，生活の中でしばしばある．しかし，急いでいる時のように余裕がない場合は，ゴミ箱に衣類を投げ入れてしまうなどの期待しない行動をしてしまうことがある．このような現象はスリップと呼ばれており，この場合は身体動作が互いに異なるほど起こりづらくなる．

れぞれの動きに対応づけた方が，誤操作の低減を期待できる．しかしながら，オートマ車の運転方法が浸透した現代で突然インタフェースをすべて変更することは，現行のオートマ車を運転しているユーザが新しい操作方法を再学習する労力がかかるという意味で困難である[6]．インタフェースに対する慣れは，使いやすさに対するユーザの評価を左右する要因であることを忘れてはならない．

15.1.5　ユーザの多様性

　本項では，ユーザによって異なる性質，つまり多様性のうち，身体に起因する多様性を取り上げる．

　身体は，見たり聞いたりする知覚，つまり環境から情報を得るための装置として機能する．この知覚特性がユーザ間で完全に一致することはまれである．また，不慮の事故や加齢などによっても，知覚は変化する．情報システムのインタフェースを設計する際に考慮すべき知覚は，視覚，聴覚，触覚である[7]．どのような特性をもつユーザに対しても，代替手段を用いて等しく情報を提供するように工夫することを，**情報保障**という．

　まず視覚については，色覚の多様性や，ロービジョン[8]・見えない人などに対する配慮が必要である．**色覚の多様性**は，同じカラー画像を見ても，その時に知覚される色が人によって異なる[9]という現象を生じさせる．したがって，例えばWebサイト等でキーワードに色をつけ

---

[6]── ただし，近年の電気自動車は回生ブレーキによって，ユーザがアクセルから足を離すだけでブレーキを踏んでいるかのような制動力が働く場合もある．

[7]── 人間の知覚にはこの他に嗅覚と味覚があるが，本稿執筆時点において，嗅覚と味覚を用いるインタフェースデバイスは研究開発段階のものが多い．

[8]── 視覚に障がいがあり，日常生活に支障がある方のこと．視野が限られている，まぶしくてものが見えづらい等の様々な不自由さがあるが，障がいであることが周囲からは見えづらい難しさがある．

[9]── 色覚が正常でない人の割合は，日本の場合，20人中1人程度だといわれている．

る方法で字を強調表示しても，自分以外のユーザにとっては強調表示としては知覚されないことがある．この場合，太字にする・下線を付す等の色に依存しない強調表示が役立つ．グラフなどによる可視化を行う際には，着色することに加えて，網掛けを利用する方法もある．なお，人間にとって長さは，角度よりも正確に比較できることが知られているため，量の比較を行うグラフは円グラフよりも棒グラフが好ましい（図15.3）．また，ロービジョンや見えない人に対しては，**スクリーンリーダ**等の視覚によらないサービスで，適切な情報が得られるように配慮することが有効である．スクリーンリーダは文字どおり，画面に表示された文字情報を自動的に読み上げるアプリケーションである．スクリーンリーダ利用者に配慮して，画面上の表示と読み上げ文とが一致するようにレイアウトするとよい．

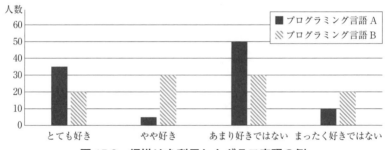

図 15.3　網掛けを利用したグラフ表現の例

次に聴覚については，難聴や聞こえない人のように，音を知覚することが難しい人への配慮が必要である．さらに，音が聞こえる人でも，複数の音が一度に鳴った場合にそれらを聞き分けることが難しい，特定の音の高さに限って聴き取りづらいといった場合もある．したがって，音声や動画のみでの情報提供は避けるべきである．動画を用いる場合には

字幕をつける，音声部分の文字起こしを提供する，緊急時にはポップアップウィンドウを使って文字で情報を提供する[10]，といった対応が求められる．

　最後に触覚については，身体に麻痺がある，手指を使うことができない等によって不都合が生じないインタフェースにすることが望ましい．これは，マウスで選択したりマウスのボタンを押したりする操作が難しい人がいることを含意する．キーボードで選択できるようにする，ボタンを大きくして押しやすくするといった工夫が有効である．そもそも，左右どちらが利き手なのかも人によって異なる点も考慮する必要がある．

　情報システムの中でも Web サイトは，多くの人が様々なデバイスでアクセスすることから，「ウェブコンテンツ・アクセシビリティガイドライン（WCAG）」が整備されている．本稿執筆時点ではバージョン 2.1 が公開されており[11]，障がいのある人も含めて様々な人がインターネット上のコンテンツにアクセスしやすくするために，これに準拠して Web サイトを作ることが推奨されている．WCAG では，以下の4つの原則が掲げられている．

　　①1つ以上の感覚でコンテンツを知覚可能であること
　　②1つ以上の方法で選択・決定などの操作が可能であること
　　③提示されたコンテンツが理解可能であること
　　④将来にわたってブラウザの種類に依存せず機能すること

　なお，多様性は身体性にとどまらない．学習障害などの発達特性を有する人や，母語話者でないユーザの存在など，身体性にとどまらない認知能力を射程に含めた場合には様々な多様性が考えられる．

★10 ── 緊急地震速報等の緊急時の連絡は，音だけでなく，画面への文字表示も行うことで情報提供を行っている．また，注意喚起のための音も，できる限り多くの人に異常を感じてもらうための検証を積み重ねた上で決定されている．

★11 ── WCAG2（和訳）
　　https://developer.mozilla.org/ja/docs/Web/Accessibility/Understanding_WCAG

15.2 インタフェースデザインの観点

15.2.1 ユーザの知識・経験を活かす

15.1.4 項では，ユーザが情報システムを使う際に，それまでの知識や経験をもち込むことに触れた．これを利用すれば，知識や経験に共通項があるユーザに対して，使いやすいインタフェースを提供できる可能性が高まる．この観点で考えると，新しい情報システムを構築する際に重要なのは，情報システムの構造や，ユーザが行うべき手続きなどを，類似した既存の情報システムに似せるということである．これは，類似した異なる状況を経験したユーザならば，その状況で行うべき手続きの概略，つまり**スクリプト**を頭の中にもっていることに起因する．スクリプトとは，特定の状況において行うべき手続きを大まかに示したものである．例えば多くのレストランには，席に着いて，ウエイターに注文を伝えて，運ばれてくる料理を食べて，レジで会計をする，といった大まかな流れが共通している．ただし，ウエイターが席に案内してくれたり，注文をタッチパッドで行ったりする場合もあれば，会計はレジではなくテーブルで行う場合もある．細部は異なるものの，概要が共通していることがスクリプトの強みであり，どんなレストランでもおおむね通用する．

例えば，シラバス検索システムは，大学で授業を履修して勉強したことがあるユーザにはなじみ深いものである．仮に，そのユーザが放送大学のシラバス検索システムだけに慣れていたとしても，シラバス検索システムをまったく使ったことがない人と比べれば，他大学のシステムを使う時にかかる時間は短いだろう．使い勝手が多少異なるとしても，シラバスに記載されているはずの何らかの情報を入力して検索すれば，何らかの検索結果が得られることが推測できるためである．この際，シラ

バスにはどのような種類の情報が記載されているかも知っているので，検索語の選定もスムーズだろう．

　ここで問題になるのが，類似した既存の情報システムにはない独自性を出したい時である．スクリプトに存在しない手続きを加えたり，スクリプトとは異なる手続きにしたりすれば，独自性を大きく打ち出すことができる．しかしながら，ユーザはこれまでの知識や経験が使えないので，混乱する可能性がある．混乱が大きすぎると，その情報システムに対する不信感となってしまい，ユーザを失う恐れもある．ユーザ離れを防ぐインタフェースをデザインするためには，独自性を示す範囲を最小限にとどめることが有効だと考えられる．

　なお，ユーザが慣れ親しんだ操作に便乗して，暗黙のうちにユーザにとって不利な選択を促すような情報システムデザインは，**ダークパターン**[12] として知られている．例えば，ショッピングサイトで決済した後に，メールマガジンの配信を希望するかどうかを問う画面がしばしば表示される．この際，配信を希望する場合にはチェックを入れる形式が多いが，まれに，配信を希望しない場合にチェックを入れる形式となっていることがある．これは，メールマガジン配信に関するインターネット上の慣習を悪用したダークパターンの一種だといえる．

15.2.2　オブジェクトを中心にする

　限られたインタフェースの範囲で，わかりやすいデザインにするためには，ユーザが実世界でよく知っているものの力を借りる手がある．その考え方として，**オブジェクト指向 UI**（Object-Oriented User Interface：OOUI）が挙げられる．OOUI では，ユーザが操作する対象のものや事柄，つまりオブジェクトを中心に据えてインタフェースを設計する．例えば，パソコンにあるフォルダのアイコンは，物理的な世界で使用されている

★ 12 ── ユーザの慣れに便乗するもの以外にも，様々なダークパターンがある．

ペーパーフォルダが基になっている．見た目だけでなく機能も，物理的な世界から類推することができる．すなわち，書類をフォルダに格納するかのように，文書ファイルなどをドラッグ＆ドロップでフォルダにしまうことができる．フォルダの置き場所を変更したり，フォルダの名前を変更したりすることもできる．もしペーパーフォルダの存在を知らない人や，使ったことがない人がいたとしたら，パソコン上のフォルダを上記のように使うことに思い至るのは，知識や経験がある人と比べて難しいだろう．

OOUI とは異なる角度での考え方として，**タスク指向 UI**（Task-Oriented User Interface：TOUI）がある．TOUI に沿えば，ユーザが行うべき作業（タスク）を順番に示していくだけでよい．例えば，自動販売機や銀行の ATM のように，多くのユーザがその状況についてのスクリプトを知っている場合には，タスクを示すだけでユーザがしかるべき操作をしてくれるので，一連の操作は早く進む．しかしながら，ユーザが初めて直面する課題を解決するためにタスクの選択肢が示されたとしても，そのタスクが何を引き起こすのかも予測できず，次にどんなタスクが提示されるかも知り得ない．メンタルモデルを作ることができないままに操作をしなければならないため，ユーザはストレスを感じる可能性が高い．

15.2.3　情報を構造化する

ユーザが混乱せずに情報システムの中を探索するためには，ユーザに提供すべき情報をどのように体系立てて整理するかが重要である．そのためによく用いられる**階層型**の構造は，粒度の大きな情報の中に，個別具体的な情報を含める形で情報を整理する方法である（図 15.4）．Web サイトを構築するために使用される HTML（Hyper Text Markup Language）も，サイト内の情報を階層的に示すことに長けている．階層型を用いる

利点は，個々の情報とその関係を，情報の粒度に沿って把握していくことができる点にある．

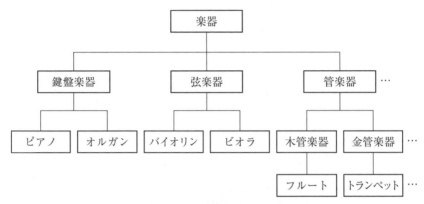

図 15.4　階層型の構造の例

　階層型の弱点として，ユーザは，自分の見ている Web ページがサイト全体のどのあたりにあるのか，わからなくなることが挙げられる．こうした時に，現在閲覧しているページが，階層構造で表した場合のどの部分に当たるのかを示す**パンくずリスト**が役に立つ．Web サイトが情報の粒度に従って階層的に情報を整理している場合，パンくずリスト（図15.5）は，ユーザの現在位置の把握を助けるだけでなく，ユーザの希望に合った粒度の情報を一覧することも手助けしてくれる．パンくずリストは一般的に，画面上部に配置される．パンくずリストのリンクをクリックすれば瞬時に他のページへ遷移できるため，階層の奥深くから脱出することも容易である．

　これ以外によく用いられる**データベース型**の構造とは，包含関係にない様々な種類の情報を記載し，それらを束にしたものである（図15.6）．その例としてシラバスが挙げられる．各シラバスには，授業科目名や担

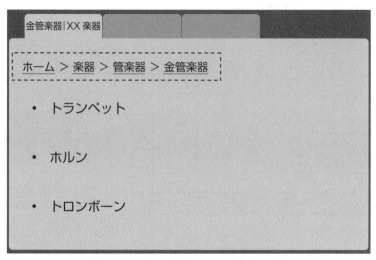

図 15.5　パンくずリスト（破線部分）

当教員名，授業の目標といった，必ず記載されている情報がある．大学では通常，複数のシラバスを管理しているが，階層型とは異なり，これらシラバスの間に包含関係はない．例えば，放送大学のシラバス検索サイトでキーワード検索をすると，検索条件に合致したシラバスが特定のルールに従って一覧表示される．データベース型の構造では，複数のシラバスからなるデータベースにおける 1 つのシラバスを，**レコード**と呼ぶ．また，授業科目名や担当教員名といった，各レコードに含まれている個別情報を**フィールド**と呼ぶ．

　データベース型の弱点は，全レコードが平らに並べられている点である．特定の授業だけを取り出して目立つ場所に置くようなことは想定されない．その代わり，データベースが適切に作成されており，ユーザが適切に検索[13]を行った場合は，ユーザが必要な情報にすぐに到達できる．ユーザはフィールドを確認することで，そのフィールドを指定して

---

[13] —— ここでいう検索は，フィールドが統一されていないインターネット上の Web サイトを全文検索する Google などの検索システムとは異なる．

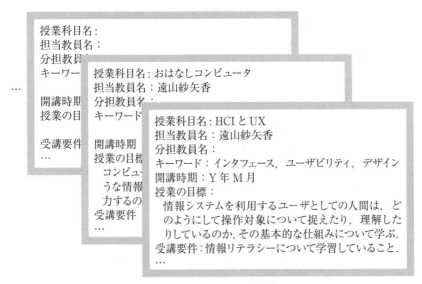

図 15.6　データベース型の構造の例

検索を行えば，すべてのレコードの中から検索条件に合うものを探し出すことが可能になる．逆に言えば，ユーザが検索に使用すると考えられるフィールドを予測して，データベースに設定しておくことが求められる[★14]．このように，ユーザが情報システムでどんなことを行うかを予測することは，情報システムの設計時に求められることである．

　なお，ユーザがほぼ情報をもたない状態で，その情報について調べようとする際には，データベース型よりも階層型の方が適している．これ

★14 ―― 情報システムがなかった時代，鉄道の指定席を取る要求がユーザからあった場合には，指定席台帳に記載することで空席の管理を行う仕組みがあった．この台帳は回転テーブルに乗せられて一定のスピードで他の台帳とともに回転しており，手慣れた職員が指定された鉄道路線の台帳を手に取り，確認・記載を行って，台帳を元の場所に戻すという作業を高速で行っていた．指定席予約は電話で各地の発券センターから受け，指定席が確保できた場合にはその席番号を電話で伝えていた．台帳を1箇所で管理することで，重複して指定席を払い出してしまうエラーを避けていた（台帳を誰かが手に取っていることは，データベースをロックしていることと等価である）．

は，データベース型では，ユーザが検索するための条件やキーワードを自分で選択あるいは生成する必要があるためである．階層型であれば，あらかじめ階層の上位項目は提示されているため，提示された内容の中から選択をしていけばよい．

15.2.4　多様な方法で検証する

　様々な人にとって使いやすいインタフェースを実現するための規格が整備されている．中でも JIS（日本工業規格）には，「人間工学—人とシステムとのインタラクション—インタラクティブシステムの人間中心設計（JIS Z 8530:2021）[15]」という規格が定められている．この規格を参照すれば，人が機械に合わせるのではなく，人にとって使いやすいインタフェース，つまり**人間中心設計**を実現するためにどのようなポイントを考えればよいのか，一連の手続きに照らして検討することができる．

　図 15.7 にもあるように，情報システムを作成したら，ユーザの要求事項に合っているのかを確かめるための評価を行い，改善を繰り返すことが重要である．評価の方法としては，ユーザがその情報システムを業務などで利用する場面で観察を行う**エスノグラフィ**，改善要望などを聞き取るための**ユーザ・インタビュー**等が用いられる．また，Web ページのように，不特定多数のユーザが使うものに対する評価の場合は，**A/B テスト**も有効である．Web ページの改善を例にすると，A/B テストは，一定期間にわたって改善前の Web ページを提示した後，同様の期間で改善後の Web ページを提示して，アクセス数や顧客からの反応が前半と後半でどのように変化したかを評価する方法である．

　上記のように，現実場面でユーザがよりよく振る舞うことができるインタフェースを実現するには，ユーザを取り巻く状況についてデザイナーが多面的に知ることが重要である．このことは，様々な街で共通し

★ 15 —— この規格は JIS Z 8530:2019（ISO 9241-210）に部分的な修正が適用されたものである．

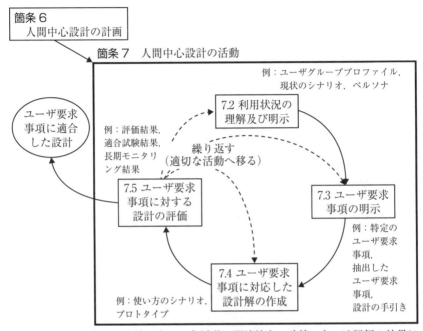

図 15.7　人間中心設計の活動の相互関連性
出典：JIS Z 8530:2021，p.13，図 1

て機能しているデザインを抽出し，新たな街づくりに活かすことができるように「パターン・ランゲージ」として整理したことで知られるクリストファー・アレグザンダーの考え方とも共通する．アレグザンダーは，自らが整理したパターンに沿って街づくりを行う一方で，「建設内容や建設方法に関するすべての決定は利用者に委ねること」という原理を採用していた．図 15.7 は，いわばパターン・ランゲージを参考にする形で，インタフェース設計についてのデザインパターンが整理されており，大

変参考になる．その一方で，パターンを適用することにこだわることには慎重になりたい．ユーザの利用場面に適したインタフェースの実現を目指して，デザイナーとユーザとが建設的なインタラクションを積み重ねるための言語の1つとして，デザインパターンはその効果を発揮すると考えられる．

演習課題

[15.1] ユーザと人工物のやり取りはなぜ難しいのか，人同士のやり取りと比較しながら説明しなさい．

[15.2] 新しい情報システムで，それまでとはまったく異なるインタフェースを採用した場合に，ユーザはどのようにしてフラストレーションを感じると考えられるか．「スクリプト」という言葉を用いて説明しなさい．

[15.3] 目が不自由なユーザに配慮したインタフェースをデザインする際に，どのような点に気をつけることが望ましいか．WCAGに沿って，ユーザにとっての使い勝手についてチェックすべき観点を2点以上挙げなさい．

参考文献

[1] C. アレグザンダー他『オレゴン大学の実験』宮本雅明・訳，鹿島出版会，1977

年

[2] ドナルド・A. ノーマン『エモーショナル・デザイン―微笑を誘うモノたちのために』岡本明，安村通晃，伊賀聡一郎，上野晶子・訳，新曜社，2004 年

[3] D. A. ノーマン『誰のためのデザイン？　増補・改訂版―認知科学者のデザイン原論』岡本明，安村通晃，伊賀聡一郎，野島久雄・訳，新曜社，2015 年

[4] Regine M. Gilbert『ウェブ・インクルーシブデザイン―Web のアクセシビリティとインクルージョンを実現するための実践ガイド』川合俊輔・監訳，奥泉直子・訳，マイナビ，2023 年

[5] 日本工業規格（JIS）Z 8530:2021

[6] Louis Rosenfeld, Peter Morville, Jorge Arango『情報アーキテクチャ 第 4 版―見つけやすく理解しやすい情報設計』篠原稔和・監訳，岡真由美・訳，オライリー・ジャパン，2016 年

[7] 佐々木正人『アフォーダンス―新しい認知の理論』岩波書店，1994 年

[8] 公益社団法人 日本眼科医会「色覚関連情報」，https://www.gankaikai.or.jp/color vision/（2024.01.10 アクセス）

[9] Jenifer Tidwell『デザイニング・インターフェース 第 2 版―パターンによる実践的インタラクションデザイン』ソシオメディア株式会社・監訳，浅野紀予・訳，オライリー・ジャパン，2011 年

付録 │ 演習課題の解答

第1章

[1.1] 四進法となる．個々の数字と数の対応は，以下のとおり．

- 「北」（↑）は 0，無
- 「東」（→）は 1，「●」
- 「南」（↓）は 2，「●●」
- 「西」（←）は 3，「●●●」

この時，桁長 3 では次の数を表すことができる．

- 可変長の場合「東北北」（100）から「西西西」（333）まで．
- 固定長の場合「北北北」（000）から「西西西」（333）まで．

0 から可変長で数え上げていくと，以下のとおり．

北，東，南，西，東北，東東，東南，東西，南北，南東，南南，
南西，西北，西東，西南，西西，東北北，東北東……

掛け算を行う時，十進法での「九九の表」に相当する「三三の表」は，
以下のとおり．

	東	南	西
東	東	南	西
南	南	東北	東南
西	西	東南	南東

すなわち，南 × 西 ＝ 東南 となる．

[1.2] （1）28 = XXVIII，（2）491 = CDXCI，（3）1997 = MCMXCVII，

（4）2014 = MMXIV

［1.3］（1）存在しない組み合わせは 60 通りである．

（2）まず，この 2 文字で表現できる文字列は 120 通りとなる．
x を表現したい数（ただし，$1 \leq x \leq 60$），とし，y を十干の値（ただし，$1 \leq y \leq 10$），z を十二支の値（ただし，$1 \leq z \leq 12$）とする．この時，次の式が成り立つ．

- $y =$（x を 10 で割った余り）ただし，余りが 0 の時は 10
- $z =$（x を 12 で割った余り）ただし，余りが 0 の時は 12

一方，10 と 12 の最大公約数は 2 である．したがって，上式より，（y を 2 で割った余り）＝（x を 2 で割った余り）＝（z を 2 で割った余り）が成立する．このことから，y と z は，偶数同士，あるいは奇数同士となる．例えば，「己」は 6 で，「辰」は 5 であり，偶奇が一致しない．したがって，「己辰」は十干十二支には現れない．このように，偶奇が一致しない組み合わせは，合計で 60 通りである．

第 2 章

［2.1］身近な例として，ページ番号，電話番号，学生番号，値札，銀行の口座番号，銀行の口座残高，年齢などがある．生年月日は，西暦を入れて 8 桁で表記する場合もあれば，西暦を入れて 6 桁で表記できる書き方を許す場合もある．他にも，多くの例について，検討せよ（詳細は省略）．

［2.2］以下のとおり．

（1）$x = 508_{(10)} = 1\,1111\,1100_{(2)} = 1\text{FC}_{(16)}$

（2）$x = 101100011_{(2)} = 355_{(10)}$

付録　演習課題の解答　│　277

(3) $x = 10110.0011_{(2)} = 355_{(10)} \div 16_{(10)} = 22.1875_{(10)}$

(4) $x = \dfrac{3}{5}$について，次の計算をする.

$$\dfrac{3}{5}\ (2\ 倍\rightarrow)\ \dfrac{6}{5}\ = 1 + \dfrac{1}{5}$$

$$\dfrac{1}{5}\ (2\ 倍\rightarrow)\ \dfrac{2}{5}\ = 0 + \dfrac{2}{5}$$

$$\dfrac{2}{5}\ (2\ 倍\rightarrow)\ \dfrac{4}{5}\ = 0 + \dfrac{4}{5}$$

$$\dfrac{4}{5}\ (2\ 倍\rightarrow)\ \dfrac{8}{5}\ = 1 + \dfrac{3}{5}\ \rightarrow 戻る$$

以上より，$\dfrac{3}{5} = 0.1001100110011001\cdots = 0.\dot{1}00\dot{1}_{(2)}$

[2.3] $16 = 2^4$ であるから，$16^x = (2^4)^x = 2^{4x}$ である. 指数関数は単調増加（常に増加し続け，減少に転ずることはない）であるから，$y = 4x$ である.

[2.4] $E(M) = A \times 31^M$ であるから，以下のとおりになる.

(1) $E(4)/E(3) = \dfrac{A \times 31^4}{A \times 31^3} = 31$ 倍

(2) $E(5.1)/E(4.1) = \dfrac{A \times 31^{5.1}}{A \times 31^{4.1}} = 31$ 倍

(3) $E(8)/E(5) = \dfrac{A \times 31^8}{A \times 31^5} = 31^3 = 29791$ である. すなわち，29791 日分のエネルギーである. これは，$29791 \div 365.25 = 81.5633$（小数第 4 位まで）となることから，約 81.5633 年分となる（より簡便には，82 年弱といってもよい）.

[2.5] 以下では，変数はすべて整数であり，また，剰余とされた変数 r は，除数 p に対して，$0 \leq r < p$ を満たすとする.

（1）x を p で割った剰余を r と置くと，$x = pm_x + r$ と表せる．仮定より，$x \equiv y \pmod{p}$ なので，y を p で割った剰余も r となり，$y = pm_y + r$ と表せる．すなわち，ある整数 m_x, m_y, r が存在して，$x = pm_x + r$ かつ $y = pm_y + r$ と置ける．この時，$x - y = p(m_x - m_y)$ と書ける．$x - y$ は p の倍数であるので，（ウ）より $x - y \equiv 0 \pmod{p}$ が成り立つ．

（2）x を p で割った剰余を r_x と置くと，$x = pm_x + r_x$ と表せる．一方，y を p で割った剰余を r_y と置くと，$y = pm_y + r_y$ と表せる．仮定より，$x - y \equiv 0 \pmod{p}$ なので，$x - y$ は p の倍数である．すなわち $x - y = p(m_x - m_y) + (r_x - r_y)$ が p の倍数となる．よって，$r_x - r_y$ が p の倍数となる．ところで，$0 \le r_x < p$ であり，$0 \le r_y < p$ であるから，$-p < r_x - r_y < p$ である．この範囲で $r_x - r_y$ が p の倍数となるのは，$r_x - r_y = 0$ のみ．したがって，$r_x - r_y = 0$ となり，$r_x = r_y$ である．よって，$x \equiv y \pmod{p}$ が成り立つ．

（3）（イ）より，$x - y$ は p の倍数であり，$y - z$ も p の倍数である．したがって，$(x - y) + (y - z)$ も p の倍数である．すなわち，$x - z$ は p の倍数である．（ウ）より $x - z \equiv 0 \pmod{p}$ が成り立ち，（2）より $x \equiv z \pmod{p}$ が成り立つ．

（4）（イ）より，$x - y$ は p の倍数である．この時，任意の整数 k に対して，$k(x - y)$ もまた p の倍数である．すなわち，$kx - ky$ は p の倍数である．（ウ）より $kx - ky \equiv 0 \pmod{p}$ が成り立ち，（2）より $kx \equiv ky \pmod{p}$ が成り立つ．

（5）

（5-1）$x_1 \equiv y_1 \pmod{p}$ より，$x_1 - y_1$ は p の倍数である．また，$x_2 \equiv y_2 \pmod{p}$ より，$x_2 - y_2$ も p の倍数である．したがって，$(x_1 - y_1) + (x_2 - y_2)$ は p の倍数である．すなわち，$(x_1 + x_2) - (y_1 + y_2)$ は p の倍数である．（2）より，$x_1 + x_2 \equiv y_1 + y_2 \pmod{p}$ が成り立つ．

付録　演習課題の解答 | **279**

(5-2)（略す．5-1 と同様）

(5-3) $x_1 \equiv y_1 \pmod{p}$ かつ $x_2 \equiv y_2 \pmod{p}$ ならば次の 4 つの式を満たす $s_1,\ t_1,\ s_2,\ t_2,\ r_1,\ r_2$ が存在する（ただし，$0 \le r_1 < p,\ 0 \le r_2 < p$ とする）．

- $x_1 = ps_1 + r_1$
- $y_1 = pt_1 + r_1$
- $x_2 = ps_2 + r_2$
- $y_2 = pt_2 + r_2$

この時，$x_1 x_2 = p^2 s_1 s_2 + p\,(s_1 r_2 + s_2 r_1) + r_1 r_2$ となる．よって，$x_1 x_2 \equiv r_1 r_2 \pmod{p}$ である．同様に，$y_1 y_2 \equiv r_1 r_2 \pmod{p}$ である．(3) と（エ）を用いると，$x_1 x_2 \equiv y_1 y_2 \pmod{p}$ が成り立つ．

(6) いくつかの方針があるが，二項定理を利用するか，数学的帰納法を利用する．

二項定理を用いる場合

仮定 $x \equiv y \pmod{p}$ より，適切な整数 r（ただし，$0 \le r < p$）を使って，$x = pm_x + r,\ y = pm_y + r$ と表せる．

さて，二項定理により，次の式が成立する．

$$x^n = (pm_x + r)^n = \sum_{k=0}^{n} {}_n\mathrm{C}_k \,(pm_x)^k r^{n-k}$$

$$= \underbrace{(pm_x)^n + n\,(pm_x)^{n-1} r + \cdots + npm_x r^{n-1}}_{p\ \text{の倍数}} + r^n$$

これより，$x^n \equiv r^n \pmod{p}$ となる．同様に，$y^n \equiv r^n \pmod{p}$ となる．これらと，(3) と（エ）を用いると，$x^n \equiv y^n \pmod{p}$ がいえる．

数学的帰納法を用いる場合

$x \equiv y \pmod{p}$ より，$x = pm_x + r,\ y = pm_y + r$ を満たす剰余 r が存在する．ここで，命題 $P(n)$ を次のとおりに定める．

$P(n) : x \equiv y \pmod{p}$ ならば，$x^n \equiv y^n \pmod{p}$

- $P(1)$ は自明に正しい．
- $k \geq 1$ なる k について，$P(k)$ が成立していたと仮定する．この時，$x^k = pu_k + r$，$y^k = pv_k + r$ をともに満たす整数 u_k，v_k と剰余 r が存在する．ここで，$x^{k+1} = (pm_x + r)(pu_k + r) = p^2 m_x u_k + p(m_x + u_k) r + r^2$ が成り立つことから，$x^{k+1} \equiv r^2 \pmod{p}$ が成り立つ．同様に，$y^{k+1} \equiv r^2 \pmod{p}$ も成り立つ．これらと，(3) と（エ）を用いると，$x^{k+1} \equiv y^{k+1} \pmod{p}$ が成り立つ．

以上と数学的帰納法により，任意の整数 n について，$P(n)$ が成り立つ．

第 3 章

[3.1] 解法は他にもあるので一例を示す．

(1) $13 \times 14 = (10 + 3 + 4) \times 10 + 12 = 182$

(2) $24 \times 25 = (20 + 4 + 5) \times 20 + 20 = 600 \ (24 \times 100 \div 4 = 600)$

(3) $38 \times 34 = (30 + 8 + 4) \times 30 + 32 = 1292$

(4) $76 \times 74 = 70 \times 80 + 6 \times 4 = 5624$

(5) $81 \times 89 = 80 \times 90 + 1 \times 9 = 7209$

(6) $115 \times 125 = 115 \times 1000 \div 8 = 14375$

(7) $207 \times 213 = (200 + 7 + 13) \times 200 + 7 \times 13 = 44091$

(8) $861 \div 123 = (861 \div 3) \div (123 \div 3) = 287 \div 41 = 7$

(9) $552 \div 24 = (552 \div 3) \div (24 \div 3) = 184 \div 8 = 23$

(10) $638 \div 121$

$(638 \div 11) \div (121 \div 11) = 58 \div 11 = 5 \cdots 3$

余りは 11 倍するから，答えは 5 余り 33

(11) $752 \div 256$

$$(752 \div 16) \div (256 \div 16) = 47 \div 16 = 2 \cdots 15$$

余りは 16 倍するから，答えは 2 余り 240

(12) $2091 \div 34$

$$(2091 \div 17) \div (34 \div 17) = 123 \div 2 = 61 \cdots 1$$

余りは 17 倍するから，答えは 61 余り 17

(13) 10^{10} を 11 で割った余りを求めなさい．

$$10^{10} = 10 \times 10 \times 10 \times 10 \times 10 \times 10 \times 10 \times 10 \times 10 \times 10$$

$10 \bmod 11 \equiv -1$ であるから $(-1)^{10} = \underline{1}$

(14) 5^{20} を 7 で割った余りを求めなさい．

$5 \bmod 7 \equiv -2$ であるから

$$(-2)^{20} = (2^3)^6 \times 2^2$$

$2^3 \bmod 7 \equiv 1$ であるから

$$1 \times 4 = \underline{4}$$

(15) 123^9 を 12 で割った余りを求めなさい．

$123 \bmod 12 \equiv 3$

$$3^9 = (3^2)^4 \times 3$$

$3^2 = 9 \bmod 12 \equiv -3$ であるから

$$(-3)^4 \times 3 = 243$$

$243 \bmod 12 \equiv \underline{3}$

[3.2] 0.01010101……は二進法で表された数であるから十進法で表すと
どうなるかといえば，整数桁と同じように考えて，小数点以下は対応
する桁の数を掛けて足していくことになる．小数点のすぐ右の小数第
1 位は 1/2 の位（2 進法なので 2 で割る）で，小数点第 2 位は 1/4 の
位になり，これ以降，順次 2 で割っていく．そして

0.	0	1	0	1	0	1
	×	×	×	×	×	×
	1/2	1/4	1/8	1/16	1/32	1/64

の各桁の 1 に相当するところの数を掛けて足す.

実際に計算してみると,1/4 + 1/16 = 0.3125, 1/4 + 1/16 + 1/64 = 0.328125 というように徐々に 1/3 に近づいていく.つまり,0.01010101…… は二進表現の 1/3 を表しているのである.

第 4 章

[4.1]

(1)				(2)				(3)			
3	2	4	4	7	A	5	0	7	B	9	C
4	A	4	4	4	A	5	0	4	2	4	8
4	A	4	4	4	2	5	0	7	3	8	8
4	A	5	4	4	A	5	0	4	2	4	8
3	1	9	8	7	9	9	C	4	3	9	C

[4.2]

(1)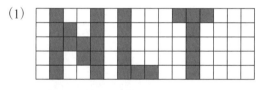

(2)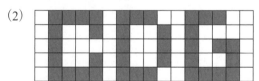

(3)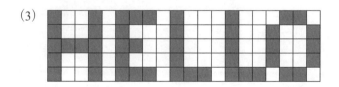

付録　演習課題の解答 | **283**

[4.3] $R = 1 - \min(1, C \times (1 - K) + K) = 1 - \min(1, 0.32 \times (1 - 0.04) + 0.04)$
$\fallingdotseq 0.65$ となる．ここで R の最大値 255 を 100 ％として考える．R の
値が 65 ％ということは，255 を 100 ％と考えた場合の 65 ％の値を出
せばよいことになるので，255×0.65 を計算すればよい．厳密に
$255 \times (1 - (0.32 \times (1 - 0.04) + 0.04))$ を計算すると 166.47 になるので，
四捨五入で 166 という結果が出る．G, B についても同様に計算でき
る．

$$R = 166, \quad G = 218, \quad B = 208$$

[4.4] 1 秒間の標本化で必要な情報は $8000 \times 2 = 16000$ バイト

1 K バイトは 1024 バイトとすると，$16000 \div 1024 \fallingdotseq 15.6$ K バイト

10 分間の標本化で必要な情報量は

15.6 K（バイト）$\times 10$（分）$\times 60$（秒）$= 9360$ K（バイト）

1 M バイトは 1024 K バイトとすると，$9360 \div 1024 \fallingdotseq 9.1$ M バイト

第 5 章

[5.1]

★ 3 枚のコインが異なる場合

(1) 次の $2^3 = 8$ 通り．

表表表，表表裏，表裏表，表裏裏，裏表表，裏表裏，裏裏表，裏裏裏

(2) すべての場合について，$\dfrac{1}{8}$ の確率である．

(3) 表 0 枚となる事象は 1 個，表 1 枚となる事象は 3 個，

表 2 枚となる事象は 3 個，表 3 枚となる事象は 1 個なので，

$$1 \times 3 \times \frac{1}{8} + 2 \times 3 \times \frac{1}{8} + 3 \times 1 \times \frac{1}{8} = \frac{12}{8} = 1.5$$

★ 3 枚のコインに区別がつかない場合

(1)(2) 次の4通り.

- 表が0枚で，確率 $\dfrac{1}{8}$

- 表が1枚で，確率 $\dfrac{3}{8}$

- 表が2枚で，確率 $\dfrac{3}{8}$

- 表が3枚で，確率 $\dfrac{1}{8}$

(3) 同様の計算により，平均は 1.5 である.

[5.2] 次のように考える.

- 教室Aに忘れる確率は $\dfrac{1}{5}$

- 教室Bに忘れる確率は，Aに忘れていない前提が必要なので，

$$\frac{4}{5} \times \frac{1}{5} = \frac{4}{25}$$

- 教室Cに忘れる確率は，AにもBにも忘れていない前提が必要なので，

$$\frac{4}{5} \times \frac{4}{5} \times \frac{1}{5} = \frac{16}{125}$$

以上より，どこかの教室に忘れてくる確率は，

$$\frac{1}{5} + \frac{4}{25} + \frac{16}{125} = \frac{25 + 20 + 16}{125} = \frac{61}{125}$$

よって，

- Aに忘れてきた確率は，$\dfrac{\frac{1}{5}}{\frac{61}{125}} = \dfrac{25}{61}$

- Bに忘れてきた確率は，$\dfrac{\frac{4}{25}}{\frac{61}{125}} = \dfrac{20}{61}$

付録　演習課題の解答 | **285**

- C に忘れてきた確率は，$\dfrac{\frac{16}{125}}{\frac{61}{125}} = \dfrac{16}{61}$

なお，「傘を 125 本持っていって，手持ちの 5 本に 1 本を教室に忘れてくる」という考え方をすると，教室 A に 25 本，B に 20 本，C に 16 本が忘れられることを利用してもよい．

[5.3] 紙の上に，1 辺の長さが 2 の正方形と，それに内接する半径 1 の円を書き，その上になるべく高いところからゴマ粒を落とす．そして，正方形の中に入ったゴマが n 粒，そのうち円の中に入ったゴマ粒を s 粒とすると，$\dfrac{s}{n}$ は，円と正方形の面積比である $\dfrac{\pi}{4}$ に近い値になる．これを多くのゴマ粒で行うことで，$\dfrac{4s}{n}$ が π の近似値になる．

[5.4]

種類	当選本数	当選金額	当選金額の和
1 等	6	100,000,000	600,000,000
組違い	594	100,000	59,400,000
2 等	10	10,000,000	100,000,000
3 等	100	1,000,000	100,000,000
4 等	4,000	100,000	400,000,000
5 等	10,000	10,000	100,000,000
6 等	100,000	5,000	500,000,000
7 等	1,000,000	500	500,000,000
合計			2,359,400,000
発売本数	10,000,000		
期待値	235.94		

以上より，235.94 円.

[5.5] $2^{10} = 1024$

[5.6] $P(X = スペード) = 1/4$ であるから，自己情報量は
$$\log_2 1/P(X) = \log_2 4 = 2 \quad （ビット）$$

[5.7] $20 \times 1/32 \times \log_2 32 + 48 \times 1/128 \times \log_2 128 = 5.75$

[5.8] 情報エントロピー H：
$$H = 1/8 \times \log_2 8 + 1/8 \times \log_2 8 + 3/8 \times \log_2 (8/3) + 3/8 \times \log_2 (8/3)$$
$$\fallingdotseq 1.811$$
符号化 X の平均符号長：$1/8 \times 3 + 1/8 \times 3 + 3/8 \times 2 + 3/8 \times 1 = 1.875$
符号化 Y の平均符号長：$1/8 \times 3 + 1/8 \times 2 + 3/8 \times 2 + 3/8 \times 2 = 2.125$

第 6 章

[6.1]

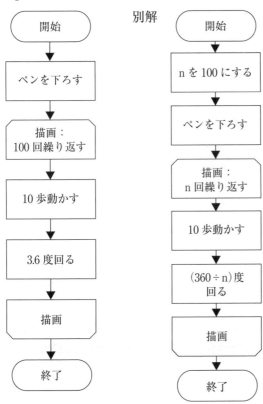

[6.2]

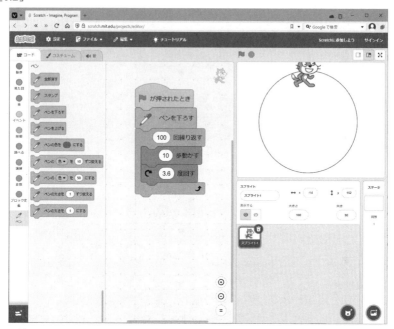

別解

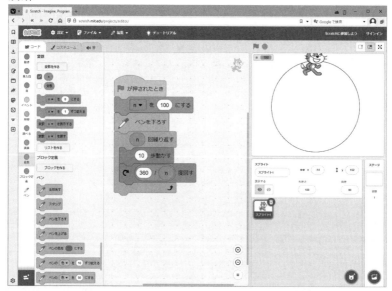

付録 演習課題の解答 | **289**

[6.3]

- データの転送速度が異なる.
- 記憶を維持するために電気を供給する必要があるか否かが異なる.

第7章

[7.1]

```
t = int(input(" 最高気温を入力してください :"))
if t >= 35:
    print(" 猛暑日です ")
elif t >= 30:
    print(" 真夏日です ")
elif t >= 25:
    print(" 夏日です ")
else:
    print(" 暑くありません ")
```

[7.2]

```
n = int(input("n を入力してください :"))
a = 0
for i in range(n, 101, n):
    print(i)
    a = a + i
print(" 和は ", a)
```

[7.3]

```
for y in range(1, 21):
    for x in range(1, 21):
        if x * y <= 9:
```

```
            print("   ", end="")
        elif x*y <= 99:
            print(" ", end="")
        print(str(x * y) + " ", end="")
    print("")
```

[7.4]

```
ちゃう
ちゃう
ちゃうん
ちゃう
ちゃう
ちゃう
ちゃう
ちゃう
ちゃうん
```

第 8 章

[8.1]

```
a = [1, 1]
for i in range(18):
    a.append(a[i] + a[i + 1])
print(a)
```

```
def fib(n):
    a = [1, 1]
    for i in range(n - 2):
        a.append(a[i] + a[i + 1])
    return a

print(fib(20))
```

付録　演習課題の解答　│　**291**

[8.2]

```
data = [["Satoh", 74, 91, 65],
        ["Suzuki", 69, 72, 84],
        ["Takahashi", 92, 67, 85]]
for i in range(1, len(data[0])):
    total = 0
    for j in range(len(data)):
        total = total + data[j][i]
    print(total / (len(data)))
```

[8.3]

```
def fizzbuzz(n):
    if (n % 15 == 0):
        return "FizzBuzz"
    elif (n % 3 == 0):
        return "Fizz"
    elif (n % 5 == 0):
        return "Buzz"
    else:
        return n

for i in range(1, 101):
    print(fizzbuzz(i))
```

[8.4]

```
import matplotlib.pyplot as plt

temp = [6.5, 7.0, 13.0, 15.9, 20.0, 23.8, 28.9, 29.9, 27.9, 19.3, 14.4, 9.3]
x = range(1, 13)
plt.plot(x, temp)
plt.show()
```

```
import matplotlib.pyplot as plt

temp = [6.5, 7.0, 13.0, 15.9, 20.0, 23.8, 28.9, 29.9, 27.9, 19.3, 14.4, 9.3]
temp2 = [-4.4, -2.7, 4.9, 9.2, 13.8, 19.3, 23.8, 26.7, 21.5, 13.3, 6.7, -0.7]
temp3 = [17.5, 19.0, 20.0, 22.5, 24.3, 27.2, 29.6, 28.6, 28.7, 26.0, 22.6,19.7]
x = range(1, 13)
plt.plot(x, temp)
plt.plot(x, temp2)
plt.plot(x, temp3)
plt.show()
```

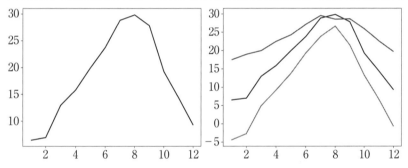

第 9 章

[9.1]

```
2184>1170 なので a=2184, b=1170 とおく
2184 ÷ 1170 の余りが 1014 なので，b=1014, a=1170 とする
1170 ÷ 1014 の余りが 156 なので，b=156, a=1014 とする
1014 ÷ 156 の余りが 78 なので，b=78, a=156 とする
156 ÷ 78 の余りが 0 なので，b=0, a=78 とする
b=0 となったので，a の値 78 が最大公約数
```

付録　演習課題の解答　| **293**

[9.2] 繰り返しの回数は，

$$\sum_{i=2}^{n}(i-2) = \frac{(n-1)(n-2)}{2} = \frac{1}{2}n^2 - \frac{3}{2}n + 1$$

となるので，計算量は $O(n^2)$ となる．

[9.3] i が p で割り切れ，商が q となる時，$i = p \times q$ となる．$p \leq q$ とすると，$i = \sqrt{i} \times \sqrt{i}$ であるので，p のとり得る最大値は $\sqrt{i}$ となる．p で割り切れることがわかれば，q で割って確かめる必要はないので，$i-1$ を $\sqrt{i}$ まで減らすことができる．この改良を加えたプログラムを以下に示す．この時の計算量は $O(n\sqrt{n})$ となる．

```python
import math
n = int(input(" 数を入力してください： "))
for i in range(2, n + 1):
    j = 2
    e = int(math.sqrt(i))
    while j <= e:
        if i % j == 0:
            break
        j = j + 1
    if j > e: # break せずに while の繰り返しが終了したので素数
        print(i)
```

[9.4] 各桁の数を足し合わせた数の下 1 桁で分類している．このように分類した場合，まず計算でどの分類を探せばいいかを特定し，その中で探索を行うので，調べるデータ数を減らすことができる（このような探索アルゴリズムをハッシュ法と呼ぶ）．

[9.5] 略（様々な実現方法があるので，各自で調べてみて，実装してみ

るとよい).

［9.6］クイックソート，シェルソート，ヒープソート，基数ソートなど
がある.

第 10 章

［10.1］三角形の各辺が糸になるように糸を張る.

［10.2］略.

［10.3］Windows，Mac，ChromeOS，スマートフォンのいずれの場合も，
設定メニューなどから確認できる. 個別の確認方法は，Web 検索で
調べるとよい.

［10.4］$32 - 28 = 4$ より，$2^4 = 16$ 個の IP アドレスがある.
192.9.2.0，192.9.2.1，192.9.2.2，192.9.2.3，192.9.2.4，192.9.2.5，
192.9.2.6，192.9.2.7，192.9.2.8，192.9.2.9，192.9.2.10，192.9.2.11，
192.9.2.12，192.9.2.13，192.9.2.14，192.9.2.15

［10.5］多数の大学がある. 放送大学の所在地である千葉県千葉市美浜
区に限定すると，放送大学の他に次の大学がある. Web サイトの
URL で示す.
- 神田外語大学 https://www.kandagaigo.ac.jp/kuis/
- 千葉県立保健医療大学 https://www.pref.chiba.lg.jp/hoidai/
- 東京歯科大学 https://www.tdc.ac.jp/
- 東都大学 https://www.tohto.ac.jp/

千葉県立保健医療大学は，ac.jp ドメインを取得せず，千葉県が所有する地方公共団体のドメイン lg.jp にある Web サーバを利用している。

第 11 章
略.

第 12 章
略.

第 13 章

[13.1] 例えば，時速 4 km で 1 km 離れたところまでまっすぐ歩くなら，1/4 時間，すなわち 15 分で到着できる．これは，時速，距離，時間というモデル化を行ったので，歩かなくても計算で求められる．また，「天ぷらそば 550 円，月見そば 510 円，かけそば 450 円」であれば，「天ぷら 100 円，玉子 60 円，かけそば 450 円」という構造が推測でき，それをモデルとして記述することで，他のトッピングをした際の値段も計算できるようになる.

[13.2] 例えば，天体の運動や，遺伝，比例代表選挙，気候帯などがある.

[13.3] つる，かめ，カブトムシの個体数を，それぞれ x, y, z とすると，次の方程式が成り立つ.

$x + y + z =$ 全体の合計数（a とする），

$2x + 4y + 6z =$ 足の合計本数（b とする）

これを満たす x, y, z を求めるプログラムを書けばよい.

```
a = 10 # 個体数の合計
b = 40 # 足の合計

for x in range(1 + a):
    for y in range(1 + a - x):
        z = a - x - y
        if (2 * x + 4 * y + 6 * z == b):
            print("x, y, z =", x, y, z)
```

第 14 章

略.

第 15 章

以下に模範回答を示す.

[15.1] 人工物はユーザ（人）の意図を汲み取ったり，それに合わせて振る舞いを変えたりすることは原則としてできない．一方で，人同士のやり取りでは，相手の意図を推測して，相手の振る舞いに応じて臨機応変に振る舞いを変えることができる．このため，ユーザと人工物のやり取りではユーザが難しさを感じることが多い.

[15.2] ユーザが新しい情報システムに出会った時，類似した情報システムをこれまでに操作した経験を活かして，新しい情報システムを利用しようとする．この時，過去に使用した経験がある，類似した様々な情報システムに共通していた操作方法や操作の流れからユーザは「スクリプト」をもっており，新しい情報システムにもそのスクリプトを適用しようとする．このため，過去の情報システムとまったく異

なる使い方の情報システムに出会った場合は，ユーザのスクリプトが機能しづらいため，ユーザはフラストレーションを感じることがある．

[15.3] 目が不自由なユーザに配慮したインタフェースをデザインする際には，WCAG の観点に沿うと，A）聴覚等から情報を得ることができるデザインになっているか，B）画面上のボタンをクリックする以外に，キーボードでもユーザからの入力を受け付けることができるか，等をチェックすることが望ましい．

索引

●欧文はアルファベット順，和文は五十音順に配列．

●アルファベット

ACID 207
AI 106, 239
break 文 157
CMYK 方式 61
CMY 方式 60
CPU 103
DBMS 207
DNS 188
EduBlocks 108, 110
ER 図 203
FizzBuzz 問題 127
for 文 122
FQDN 188
Generative AI 240
GiB 15
GPU 106
HCI 256
HTML 266
HUB 180
if 文 118
IPv4 184
IPv6 185
IP アドレス 184
KiB 15
LAN 178
LLM 240
Local Area Network 178
MAC アドレス 183
MiB 15
micro:bit 212
n 進法 8
n ビット表記 19
OOUI 265
OS 95, 103

parity check 28
Python 110, 114
RGB 方式 60
Scratch 108, 109
SLD 190
SQL 199
TiB 15
TLD 189
TOUI 266
UI 設計 248
UX 257
V 字モデル 244
WAN 178
WCAG 263
WebAPI 145
while 文 121
Wide Area Network 178

●あ　行

アナログ・ディジタル変換 63
アフォーダンス 258
アラビア数字 1
アラン・チューリング 47
アルゴリズム 148
暗算 38
一意復号可能 86
入れ子構造 124
色階調 60
色数 60
色変換 61
インタフェース 255
インタプリタ方式 108
インタラクション 255
インデント 118
ウェブコンテンツ・アクセシビリティガイ

ドライン　263
演算　211
オーガスタ・エイダ・キング・ラブレス　46
オーダ　155
音の大きさ　214
オブジェクト指向　249
オブジェクト指向 UI　265
オペレーティングシステム　95, 103
音色　214
音程　214

●か　行
階乗　32
階層型　266
外部設計　248
可逆圧縮　85
楽譜　215
確率　68, 76
確率変数　75
画素　102
楽器　215
可変長表記　18
加法混色　60
仮引数　139
関係データベース　195
関数　117
漢数字　2
関数の定義　139
完全性　149
関連　203
キー　195
記憶　210
記憶装置　101
奇偶検査　28
擬似コード　149
記述統計学　75

基数　8
記数法　7
期待値　81
機能的固着　260
キビ　15
ギビ　15
基本ソフト　103
逆引き　191
空間計算量　152
組み込み関数　117
組み込みシステム　209
クライアント　178
クライアントサーバシステム　243
位取り記数法　7
クロード・シャノン　81
クロック周波数　104
計算　38
計算誤差　97
計算量　152
計算をするプロセス　46
ゲートウェイ　191
桁あふれ　20
桁区切り　15
桁数　18
結合　196
結合テスト　252
元　68
検査符号　27
健全性　149
減法混色　61
コア数　104
降順　162
合成数　33
構造化定理　115
公約数　33
固定長表記　19
コンパイラ方式　108

コンパイル　108

●さ　行

サーバ　98, 178
最大公約数　33
算術演算子　116
参照渡し　164
サンプリング　54
サンプリング周期　55
サンプリング周波数　55
算用数字　1
時間計算量　152
シグニファイア　258
試行　75
自己情報量　83
事象　75
指数　29
指数関数　30
自然数　4
四則演算　37
十干十二支　13
実数　6
実装　251
実体　203
実体関連図　203
自動運転　218
自動車　218
シミュレーション　225
射影　196
周期　53
集合　68
集合の定義　68
集線機器　180
周波数　53
主キー　195
主記憶装置　105
出力　210

出力装置　101
循環小数　25
順次構造　115
瞬時復号　86
商　33
条件付き確率　78
条件分岐　99
詳細設計　250
昇順　162
小数点　24
状態遷移図　48
情報エントロピー　84
情報源符号化定理　85, 90
情報システム　242
情報保障　261
剰余　33
除数　43
人工知能　106, 239
人工物　255
真数　31
シンセサイザー　215
振幅　53
数字　1
数式モデル　225
スクリーンリーダ　262
スクリプト　264
スリップ　260
スレッド数　104
制御　211
制御構造　115
制御装置　101, 103
整数　5
生成 AI　240
正引き　191
整列　161
セカンドレベルドメイン　190
積事象　77

漸近的評価　155
線形計画法　230
線形探索　156
全事象　75
全体集合　70
選択　196
選択ソート　165
層　180
総当たり整列法　170
挿入ソート　167
添字　132
素数　33
ソフトウェア　95
ソフトウェア開発モデル　245
そろばん　44

●た　行

ダークパターン　265
大規模言語モデル　240
対数　31
対数関数　31
代入　116
タスク指向 UI　266
多分岐構造　119
探索　155
単体テスト　252
チェックサム　28
チェックデジット　28
逐次実行　99
中央演算処理装置　101, 103
中継機器　179
中国人剰余定理　70
抽象化　222
チューリング・マシン　47
通信路符号化定理　85
つるかめ算　226
底　29, 31

ディクショナリ　138
停止性　149
データ型　116
データベース型　267
データベース管理システム　207
テキストプログラミング　108
デザイン　255
デザインパターン　271
テビ　15
デフォルトゲートウェイ　191
同様に確からしい　76
独立　77
トップレベルドメイン　189
トランザクション　207

●な　行

内部設計　250
2 次元配列　137
二進法　18
2 分探索　158
入力　210
入力装置　101
人間中心設計　270
認証　253
ネームサーバ　189
ネスト構造　124
ネットワーク　176
燃料噴射制御装置　219

●は　行

ハードウェア　95
倍数　33
排他制御　206
ハイパーリンク　260
配列　132
バグ　97
歯車計算機　45

パケット　184
パスカル　45
バブルソート　162
バベッジ　45
バベッジの階差機関　46
バベッジの解析機関　46
パリティビット　27
半導体　98
反復　99
反復可能オブジェクト　122
反復構造　121
非可逆圧縮　85
引数　117
ピクセル　58
被除数　43
ビット　18, 95
ビットマップ技術　58
ヒューマン・コンピュータ・インタラクション　256
標本化　54
標本化周期　55
標本化周波数　55
フェルマーの小定理　73
符号化　54, 56, 86
物理モデル　225
負の数　5
ブラックボックステスト　252
フローチャート　99
プログラミング言語　107, 114
プログラム　106
ブロック　118
ブロックプログラミング　107
プロトコル　180
分岐構造　117
平均　81
平均情報量　84
平均符号長　88

併合ソート　170
ベクタ技術　59
変数　116, 226
補集合　70
補助記憶装置　105
ホスト　177
ホワイトボックステスト　252

●ま 行
マージソート　170
無理数　6
命数法　14
メソッド　134
メディア・アクセス・コントロール・アドレス　183
メビ　15
メモリ　105
メンタルモデル　258
モジュール　142
文字列　119
モデル化　222
問題　224
モンティー・ホール問題　78, 235
モンテカルロ法　80

●や 行
ユークリッドのアルゴリズム　149
ユークリッドの互除法　150
ユーザ　255
ユーザ・インタビュー　270
ユーザインタフェース設計　248
ユーザ・エクスペリエンス　257
有理数　5
要求分析　245
要素　68

●ら　行

ライプニッツ　45
ライブラリ　141
ラメの定理　153
リスト　133
量子化　54, 55
量子化誤差　56
量子化ビット数　56

リンク　260
累乗　29
レイヤ　180
ローマ数字　10

●わ　行

割り算の余り　43

分担執筆者紹介

遠山　紗矢香（とおやま・さやか）　・執筆章→6・15

2007 年　中京大学大学院情報科学研究科認知科学専攻修了
2013 年　中京大学大学院情報科学研究科情報認知科学専攻満期退学
2014 年　博士（認知科学）
現在　　静岡大学情報学部准教授
専攻　　認知科学，学習科学
主な著書　『コグニティブインタラクション―次世代 AI に向けた方法論とデザイン』（共著，オーム社）
　　　　　『グローバル化，デジタル化で教育，社会は変わる』（共著，東信堂）
　　　　　『学習・言語心理学―支援のために知る「行動の変化」と「言葉の習得」』（共著，ミネルヴァ書房）

西田　知博（にしだ・ともひろ）　・執筆章→7・8・9

1991 年　大阪大学基礎工学部情報工学科卒業
1996 年　大阪大学情報処理教育センター助手
2000 年　大阪学院大学情報学部講師
現在　　大阪学院大学情報学部教授，博士（情報科学）
専門　　情報科学，情報教育，プログラミング教育
主な著書　『CGI 入門講座』（共著，オーム社）
　　　　　『計算事始め』（共著，放送大学教育振興会）
　　　　　『情報科教育法 改訂 3 版』（共著，オーム社）
　　　　　『計算の科学と手引き』（共著，放送大学教育振興会）
　　　　　『情報入門』（共著，培風館）

(執筆の章順)

兼宗　進 (かねむね・すすむ)
・執筆章→ 11・14

1963 年　東京都に生まれる
2004 年　筑波大学大学院ビジネス科学研究科博士課程修了
現在　　大阪電気通信大学工学部電子機械工学科教授／工学部長／
　　　　副学長，博士（システムズ・マネジメント）
専攻　　プログラミング言語，情報科学教育
主な著書　『ドリトルで学ぶプログラミング』（共著，イーテキスト研究所）
　　　　『コンピューターを使わない小学校プログラミング教育』（共編著，翔泳社）
　　　　『テラと7人の賢者』（共著，学研）
　　　　『ドリルの王様　1・2年のたのしいプログラミング』（監修，新興出版社）
　　　　『ドリルの王様　3・4年の楽しいプログラミング』（監修，新興出版社）
　　　　『ドリルの王様　5・6年の楽しいプログラミング』（監修，新興出版社）
　　　　『はじめてのコンピュータサイエンス』（監修，くもん出版）
　　　　『はじめてのアルゴリズム』（監修，くもん出版）

編著者紹介

辰己　丈夫 (たつみ・たけお)　・執筆章→ 1・2・10・12・13

1997 年	早稲田大学大学院理工学研究科数学専攻博士後期課程退学
2014 年	筑波大学大学院ビジネス科学研究科企業科学専攻博士後期課程修了
現在	放送大学教授，東京大学非常勤講師，千葉大学非常勤講師，多摩美術大学非常勤講師，岡山大学（集中講義）非常勤講師，博士（システムズ・マネジメント）
主な著書	『情報化社会と情報倫理　第 2 版』（共立出版） 『情報科教育法　改訂 3 版』（共著，オーム社） 『教養のコンピュータサイエンス情報科学入門 第 3 版』（共著，丸善出版）など

高岡　詠子 (たかおか・えいこ)　・執筆章→ 3・4・5

1990 年	慶應義塾大学理工学部数理科学科卒業
1996 年	同大学大学院理工学研究科計算機科学専攻博士課程修了，博士（工学）
現在	上智大学理工学部教授，放送大学客員教授，明治学院大学非常勤講師，日本学術会議連携会員，情報処理学会フェロー
専門	医療／環境／教育への貢献を目的としたデータベース，アプリケーション開発，情報教育，自然言語処理，医療情報学
主な著書	『チューリングの計算理論入門』（講談社ブルーバックス） 『シャノンの情報理論入門』（講談社ブルーバックス） 『計算の科学と手引き』（共著，放送大学教育振興会） 『計算事始め』（共著，放送大学教育振興会） 『情報科学の基礎』（共著，放送大学教育振興会）

カトリック教会でオルガニストとしても活躍中．

放送大学教材　1750062-1-2511（テレビ）

初歩からの情報科学

発　行　　2025 年 3 月 20 日　第 1 刷

編著者　　辰己丈夫・高岡詠子

発行所　　一般財団法人　放送大学教育振興会
　　　　　〒 105-0001　東京都港区虎ノ門 1-14-1　郵政福祉琴平ビル
　　　　　電話　03（3502）2750

市販用は放送大学教材と同じ内容です。定価はカバーに表示してあります。
落丁本・乱丁本はお取り替えいたします。

Printed in Japan　ISBN978-4-595-32527-4　C1304